PAREDES EMOCIONAIS

STEPHEN ARTERBURN

PAREDES EMOCIONAIS

COMO SUPERAR OS OBSTÁCULOS QUE IMPEDEM SUA VIDA DE SEGUIR ADIANTE

Traduzido por EMIRSON JUSTINO

mundocristão
São Paulo

Os textos das referências bíblicas foram extraídos da *Nova Versão Transformadora* (NVT), da Editora Mundo Cristão. Usado com permissão da Tyndale House Publishers, Inc.

CIP-Brasil. Catalogação na Publicação
Sindicato Nacional dos Editores de Livros, RJ

A825p

Arterburn, Stephen
Paredes emocionais: como superar os obstáculos que impedem sua vida de seguir adiante / Stephen Arterburn; tradução Emirson Justino. - 1. ed. - São Paulo: Mundo Cristão, 2017.
160 p. : il. ; 21 cm.

Tradução de: Walking into walls: 5 blind spots that block God's work in you
ISBN 978-85-433-0259-1

1. Vida espiritual. 2. Espiritualidade. 3. Deus. 4. Fé. I. Justino, Emirson. II. Título.

17-43623 CDD: 248
CDU: 2-584

Categoria: Autoajuda

Publicado no Brasil com todos os direitos reservados por:
Editora Mundo Cristão
Rua Antônio Carlos Tacconi, 79, São Paulo, SP, Brasil, CEP 04810-020
Telefone: (11) 2127-4147
www.mundocristao.com.br

1ª edição: outubro de 2017

Para Daryn, que tem derrubado paredes nas quais muitas pessoas estão batendo.

Há muitas pessoas vivendo desnecessariamente em derrota, imobilizadas por seus próprios erros ou pelos erros de outros. Elas se chocam repetidas vezes contra paredes emocionais que bloqueiam a obra que Deus quer fazer nelas. As coisas não precisam ser assim! Por mais destruída ou ferida que esteja, qualquer pessoa pode descobrir o caminho que leva à cura, à esperança e a uma nova maneira de viver.

Sumário

Agradecimentos 11

Introdução: Aprendendo a enxergar nossas paredes 13

1. Paredes fictícias que nos bloqueiam 21
2. A parede da resistência teimosa 26
3. A parede do merecimento arrogante 35
4. A parede do ressentimento justificável 47
5. A parede do isolamento desconectado 60
6. A parede da ignorância cega 72
7. Como se soltar 85
8. Siga em direção ao futuro 98
9. É uma parede ou uma fronteira? 110

Guia de estudo 116

Agradecimentos

Um enorme obrigado a Byron Williamson e a Rob Birkhead, que possibilitaram a criação deste livro — o meu livro favorito.

E também para Tom Williams, que realizou um trabalho de mestre na edição e na restruturação deste livro. Você é o melhor!

Introdução

Aprendendo a enxergar nossas paredes

Um amigo me contou a história de um pássaro que entrou na residência de uma família ao cair pela chaminé da lareira durante a noite. Na manhã do dia seguinte, a família encontrou a assustada criatura. Preso por paredes e aparentemente ameaçado pelos monstros que de repente surgiram na sala, o pássaro aterrorizado voou na direção da luz da manhã que inundava a sala através da grande janela, mas bateu na parede de vidro e caiu de volta na sala. Procurando não causar nenhum dano ao animal, a família tentava pegá-lo e soltá-lo pela porta, mas, em todas as vezes, ele se levantava em pânico e voava em direção ao sol, batendo novamente no vidro. Isso aconteceu por diversas vezes, pois a pobre criatura simplesmente não conseguia ver a barreira que a impedia de alcançar o que parecia ser a gloriosa liberdade.

As nossas paredes

A primeira reação a essa história é pensar que o pássaro deveria ter aprendido a lição da primeira vez que atingiu o vidro. Por que ele continuava voando na direção da mesma barreira vez após outra? Mas, para ser bastante franco, muitos de nós costumam bater em paredes, cair para trás, se recompor e, então, caminhar outra vez bem na direção delas. Essas são as paredes da culpa e da vergonha, da raiva e da amargura, da preocupação e do arrependimento, do medo e da ansiedade.

Desenvolvi relacionamentos em negócios, no ministério e em minha vida pessoal que se pareciam com paredes de uma prisão. Algumas dessas prisões relacionais eram opcionais, mas optei por viver com elas. Em minha vida pessoal, houve momentos em que pessoas escolheram terminar o relacionamento comigo, deixando-me cercado por paredes, dentro de uma patética cela de vergonha, arrependimento e solidão.

Eu poderia ter mudado, mas me mantive preso a crenças que me impediam de fazê-lo. Você já disse algumas destas coisas a si mesmo?

- "Não é culpa minha."
- "Meus pais simplesmente não entendem."
- "Ninguém pode me ajudar, a não ser eu mesmo."
- "Sei como lidar com isso sozinho."
- "Não sou eu a pessoa com problemas aqui."
- "Como essa pessoa pôde me ferir, sabendo que fui ferida por outras pessoas?"
- "Terapeuta é para quem está louco."
- "Qualquer um se sentiria desse jeito se passasse pelo que passei."
- "Quando a pessoa que me feriu der um passo na direção da reconciliação, estarei disposto a corresponder; mas só depois disso."
- "Sou culpado demais para Deus me perdoar, de modo que agora sigo sozinho."

Havia muitas outras crenças erradas que circulavam na minha cabeça e que vieram a se tornar paredes, impedindo-me de ter uma vida de liberdade, propósito e significado. Contudo, mantive essas crenças diante de mim, dando de cara com elas muitas e muitas vezes. Cada choque se tornava mais doloroso do que a dor que estaria envolvida no processo de derrubar as paredes e seguir rumo à liberdade. Durante a faculdade, achei que havia feito tanto progresso comigo mesmo que deveria seguir a carreira de ajudar outras pessoas. A realidade era que eu não tinha ideia do pequeno progresso que fizera, do quanto ainda precisava caminhar e do tanto a mais de dor que eu teria de suportar.

Treinamento básico

Em 1977, iniciei meus estudos em aconselhamento num seminário na cidade de Fort Worth, Texas. Pela primeira vez, esperava ansiosamente cada dia de aula. Logo me envolvi em um programa de doutorado e comecei a dar aconselhamento sob a supervisão de alunos do doutorado. Amava tudo aquilo e acreditava, como ainda acredito, que havia descoberto meu propósito na vida: ajudar pessoas que sofrem de problemas emocionais e mentais.

Durante meu progresso, quis obter experiência com pessoas que lutavam com os piores diagnósticos psiquiátricos. O único trabalho que consegui encontrar foi o de auxiliar geral em uma clínica psiquiátrica, e assumi a posição com grande entusiasmo e dedicação. Minha função era ajudar em qualquer coisa que fosse necessária. Isso significava aconselhar pacientes recém-chegados ou limpar banheiros. Em minha ascensão de zelador a terapeuta-chefe, presenciei praticamente todo tipo de dano emocional e mental, muitos deles infligidos por perpetradores cruéis e insensíveis que arrancaram daqueles pacientes a sua vida normal, deixando-os com a alma cheia de cicatrizes.

No início, não conseguia entender a profundidade do mal cometido contra o inocente. O momento de gratificação sexual de um homem muitas vezes era a destruição da vida feliz e saudável de alguém. Não tenho dados de pesquisa, mas poderia dizer que um momento de satisfação sexual ilícita produz dez mil momentos de dor e sofrimento durante toda a vida de uma vítima.

Não foram apenas homens que provocaram dano à vida de jovens. Mães também o fizeram. Algumas sufocaram e até mesmo prenderam seus filhos, de modo que estivessem ligados a elas por toda a vida. Sem liberdade para se tornarem adultos independentes, essas pessoas terminaram se encaminhando para o cuidado psiquiátrico, sem entender por que a vida era tão incontrolável ou por que sua mente estava tão cheia de conflito. Raiva não expressa e perdas não tratadas se acumulavam sobre a confusão e o desapontamento.

O mistério da infelicidade

Todo paciente que aconselhei foi um mistério. Tinha sido o seu problema infligido por alguma pessoa ou ele havia nascido com uma predisposição genética para provar o lado negativo da vida? Sua vida fora mais dura que a dos outros ou ele simplesmente estava menos equipado para lidar com as realidades da existência? O mistério das causas das disfunções emocionais ou mentais era apenas o começo. Além desse havia o mistério de como alguns haviam conseguido sair do pântano do desespero profundo em direção a uma vida plenamente funcional.

O que mais me entusiasmava naqueles casos extremos era o seguinte: se pacientes que haviam experimentado o pior conseguiram superar o que lhes perturbava, havia boa razão para ter esperança por aqueles que não estavam em situação tão ruim. Relacionamentos poderiam ser curados, lutas e conflitos interiores poderiam ser resolvidos e dependentes poderiam ser reabilitados.

Sendo assim, a pergunta era: por que alguns pacientes se perdiam depois de vivenciar uma grande perda, enquanto outros *se encontravam* e abandonavam suas paredes rumo a uma nova vida? Aprendi que o melhor resultado depende de como a pessoa enxerga a vida com relação aos seus relacionamentos do passado e do presente e à maneira como os outros a veem. Milhões de pessoas ainda sentem dor em relação a algo que pode ter acontecido muitos anos atrás, algo que se tornou uma parede a qual não conseguem atravessar. Em vez de resolverem a dor e seguirem adiante, essas pessoas feridas continuam a bater contra a parede, vivendo como se o passado doloroso fosse uma realidade atual. Julgam a si mesmas e aos outros com base em um evento que poderia ter sido resolvido muito tempo atrás. Sua parede se constitui de um passado que não pode ser mudado, e elas não seguirão em frente até que aqueles que as feriram removam a parede por meio de alguma mudança em si mesmos. Essa mudança raramente acontece, deixando a parede intacta e as emoções e a fé da pessoa ferida prejudicadas. Assim ferida e confinada, a pessoa segue enxergando a vida de uma maneira negativa e derrotista.

Lide com a parede ou continue na infelicidade

Há muitas pessoas vivendo desnecessariamente em derrota, imobilizadas por seus próprios erros ou pelos erros de outros. Elas se chocam repetidamente contra paredes emocionais que bloqueiam a obra que Deus quer fazer nelas. As coisas não precisam ser assim! Por mais destruída ou ferida que esteja, qualquer pessoa pode descobrir o caminho que leva à cura, à esperança e a uma nova maneira de viver. Paredes de dor erguidas por traumas do passado não precisam ser os obstáculos em que costumam se transformar. Transpor essas paredes significa vê-las como realmente são, encontrando as mentiras que elas representam e as verdades que escondem; significa ainda achar a porta na parede que nos permitirá seguir adiante. O mais importante a lembrar é: não importa quão grande ou intransponível sua parede pareça ser, sempre haverá uma maneira de superá-la. Sempre. Existe um meio de rodeá-la, atravessá-la, pulá-la ou mesmo colocá-la abaixo. Chocar-se contra paredes pode ser inevitável, mas permanecer imóvel atrás delas não é. Você pode superar sua parede, e este pequeno livro lhe mostrará como isso pode ser feito.

A parede de Jacob Witting

O filme *Um novo reencontro* ilustra o que significa ter uma parede construída de feridas do passado. Ele conta a história de Jacob Witting (interpretado por Christopher Walken), um fazendeiro do meio-oeste americano, e sua esposa, Sarah (Glenn Close). É ambientado durante a Primeira Guerra Mundial, e a família desfruta de uma vida boa, embora árdua, com três filhos numa pequena comunidade rural.

No início da história, John Witting (Jack Palance), pai de Jacob, aparece de repente. Ele está velho e doente e, ao que parece, tornou-se um andarilho sem meios de se sustentar. Ele havia abandonado a esposa e o filho quando o menino ainda era criança e, desde então, nunca fizera contato com a família. Jacob, na verdade, achava que o homem estava morto.

Jacob Witting se ressente muito do pai por causa do abandono e quer que o homem saia de sua casa. Sarah, porém, convence Jacob a permitir que o pai fique até que pelo menos esteja bem para viajar.

Quando Jacob fica ferido em uma grave confrontação com o pai, o homem mais velho precisa ficar para ajudar nas coisas da fazenda. Durante esse período, a família começa a aceitá-lo — com exceção de Jacob, cuja amargura é uma parede que ele não consegue transpor.

Sarah, porém, finalmente consegue convencer Jacob a pelo menos ouvir o lado do pai na história. Poderia haver mais coisas envolvidas do que Jacob sabia. Jacob cede e tem a conversa. Então, descobre que as circunstâncias da partida do pai em nada pareciam com o que ele havia presumido. Sua mãe, criada numa próspera família do leste, ressentia-se profundamente da vida árdua na fazenda que o casamento lhe impusera. Seu ressentimento era tão profundo que John Witting passou a acreditar que a única maneira de fazê-la feliz era sair de sua vida. Assim, ele partiu. Escreveu cartas para o filho, mas a esposa amargurada nunca as entregou ao menino. John explicou que, ao olhar para trás, percebeu que sair de casa tinha sido um erro.

Diante da explicação e da confissão do pai, a parede de Jacob desaba e ele aceita o pai plenamente na família.

A necessidade de uma nova luz

Talvez você nunca entenda as barreiras de relacionamento no presente até que veja seu passado debaixo de uma nova luz. É comum que a dor causada por um evento traumático se torne a lente por meio da qual passamos a ver a nós mesmos e aos envolvidos no incidente. Essa lente de dor pode distorcer a verdade, ou alguma parte dela, e nos deixar diante de uma parede de amargura, de rejeição ou de uma autoimagem danificada da qual não conseguimos nos livrar. Se você perdeu a liberdade e a esperança por estar preso atrás de paredes de antigos padrões de pensamento, você pode começar a viver uma vida nova. Pode ver seu passado — e também seu presente — com clareza, livre de dor, em vez de enxergá-lo através das lentes da dor e da mágoa. Se nunca alcançou tudo aquilo que achava que poderia ou queria alcançar, você pode encontrar uma nova forma de romper a parede que o retém e concentrar-se em seus objetivos e em seu futuro.

Do trauma ao triunfo

Cerca de vinte anos atrás, uma jovem fazia exercícios no Central Park, em Nova York, quando foi atacada, violentada, espancada e deixada para morrer. Ela foi encontrada em estado muito grave, próximo da morte. Tinha enormes fraturas no crânio e perdera mais da metade de seu sangue. Sua condição era tão severa, com feridas gravíssimas no crânio e no corpo, que os médicos do pronto-socorro sugeriram aos pais que seria melhor que ela morresse.

Mas ela não morreu. Sobreviveu e deu início à árdua tarefa de reaprender a executar as ações mais básicas da vida, como comer, andar, conversar e escrever. Sua recuperação foi notável porque ela não permitiu que a tragédia ocorrida no parque se tornasse uma parede que viesse a bloquear sua vida. Enquanto a reação de alguns teria sido personalizar o terrível ataque, essa mulher passou a vê-lo como um ato aleatório de violência. Enquanto alguns talvez exigissem um pedido de desculpas ou vingança, ela não exigiu nada de seus agressores. Enquanto alguns teriam se sentido vítimas, ela começou a se ver como uma sobrevivente vitoriosa. Ela se recusou a deixar um passado que ela não podia mudar se tornar uma parede que obstruísse seu futuro. Ela superou as horríveis emoções que resultaram de sua tragédia e seguiu adiante, mudando completamente o foco de sua vida.

Essa mulher heroica fala hoje a sobreviventes de traumas, estupros e atos de violência. Ela é uma inspiração para qualquer pessoa que tenha a oportunidade de ouvi-la.

Este livro fala sobre o processo de superar barreiras criadas pela culpa, pelo medo e pela raiva. Fala sobre obter nova informação e perspectiva em relação a eventos traumáticos, tanto passados como presentes, e sobre redefinir sua visão de mundo com o propósito de libertar-se e ultrapassar as barreiras criadas pelos traumas. A intenção é ajudar você a criar um novo foco, superar a parede e viver com novo propósito e significado.

Ver a realidade de uma nova perspectiva libera você para viver cheio de propósito e significado, com menor dor e conflito e livre de um passado que não pode ser mudado. Se você estiver disposto a retroceder, examinar uma segunda vez e pôr em prática o que aprender, este poderá ser o início de uma vida completamente nova. (E, a partir da página 116, um Guia de Estudo lhe fornecerá material útil para sua jornada de superação dessas barreiras emocionais.)

Se estiver pronto, vamos começar o trabalho para superar as paredes em que você continua batendo. Isso poderá fazer toda a diferença em sua vida.

1

Paredes fictícias que nos bloqueiam

De vez em quando, nos momentos em que simplesmente desejo colocar a mente em "ponto morto" e me entreter, pego o controle da TV e procuro um programa de vídeos engraçados. Um dos melhores e mais engraçados episódios que já vi envolve um gato doméstico na porta dos fundos de uma casa. A porta é do tipo comum — uma moldura de alumínio projetada para segurar uma placa de vidro. No vídeo o gato está diante da porta, miando para sair. O que o gato não percebe é que não existe nenhum vidro na moldura de alumínio. Ao que parece, ele se quebrou. O dono da casa tenta fazer que o gato passe pelo espaço vazio, mas o bicho não anda. O homem até mesmo passa pela abertura para mostrar que é possível fazê-lo, mas o gato ainda assim se recusa a mover-se. Somente quando o homem abre a porta e permite que o gato dê a volta pela moldura é que ele chega ao quintal.

Na maioria dos casos, as paredes que nos detêm não são mais reais do que o vidro ausente daquela porta de alumínio. Não quero dizer que não sejam de fato barreiras; quero dizer que elas costumam ser construções erguidas em nossa mente a partir de partes incompletas ou mal compreendidas da realidade de meias verdades que, entrelaçadas, constroem uma falsa percepção da verdade. Nesse sentido, o que normalmente nos bloqueia são barreiras que não estão ali de fato. São barreiras totalmente — ou pelo menos em grande parte — fabricadas na própria mente.

Todos somos culpados disso. Juntamos fragmentos da realidade a algumas meias verdades e construímos conceitos que não são exatamente precisos. Por causa dessas mentiras que circulam em nossa mente, construímos barreiras de raiva e ressentimento sobre coisas que outros fizeram, ou barreiras de culpa em relação a coisas das quais não temos de fato culpa. Acabamos vendo alguns de nossos pontos fortes como fraquezas e nos definimos de maneira imprecisa, exagerando tudo o que há de errado em nós e excluindo o que é bom, forte e capaz.

Talvez você tenha construído uma parede fictícia ao responsabilizar alguém por algo que é claramente uma ação sua. Você pode estar casado com uma pessoa totalmente normal, com problemas bastante normais, mas você consegue culpar seu cônjuge por todas as dificuldades que você enfrenta. Você faz o papel da vítima, culpando os outros por tudo o que há de errado em sua vida, e a culpa se torna uma parede em sua mente que o detém com a mesma eficácia de um obstáculo real. Mas ela *não é* real. Aqueles que você culpa por serem os causadores de sua *situação* podem na verdade ser culpados de muitas coisas, mas não são responsáveis por tudo aquilo que deu errado em sua vida. Eles não são particularmente responsáveis pela parede que você construiu na mente como resposta às ações deles.

A importância da nova perspectiva

A nova perspectiva de que precisamos para ultrapassar nossas paredes é mais do que apenas ver o lado positivo de experiências obscuras e traumáticas da vida. Não é uma questão de simplesmente ver o copo meio cheio. É olhar a vida de uma perspectiva mais ampla, e não de apenas um evento doloroso. É olhar mais fundo para os fatos que cercam o passado, em vez de personalizar a ferida. Costumamos carregar pensamentos destrutivos que talvez não se encaixem exatamente com os fatos reais. Sabemos o que aconteceu, mas talvez a história não seja completamente precisa. Em meio à dor, ao ressentimento e à raiva que sentimos, talvez tenhamos presumido coisas que não eram verdadeiras.

A adoção pode ser um exemplo de percepção imprecisa. Ela costuma levar a sentimentos de rejeição. Uma criança adotada pode presumir que existe algo de errado com ela, pois do contrário sua mãe biológica não a teria abandonado. Sim, entregar uma criança para adoção de fato envolve alguma forma de rejeição, mas ela raramente é tão malévola ou tão pessoal quanto muitas crianças adotadas pensam. Se você foi entregue para adoção, sua mãe não rejeitou a pessoa que você é agora. E os motivos pelos quais ela o entregou muito provavelmente estavam relacionados a desejar para você algo melhor do que aquilo que ela achava que poderia dar. Quase todos os que entregam filhos para adoção o fazem sentindo muita relutância e pesar.

Filhos adotados não precisam deixar que as escolhas de sua mãe biológica se tornem paredes. Eles podem vir a entender que não foram pessoalmente rejeitados. Seus pais simplesmente rejeitaram o conceito de um filho e tudo o que um filho demanda e precisa. *Não foi* algo pessoal. Não poderia ter sido pessoal porque sua mãe não tinha meios de conhecê-lo como você é agora. Foi a decisão tomada por uma mãe lutando para sobreviver, sentindo-se inadequada para criar uma criança e querendo o melhor para seu filho. Primeiro, sua mãe tomou a decisão de que você viveria. Ela não o abortou. Ela escolheu dar vida a você. Depois, ela quis que você tivesse uma vida melhor do que aquela que ela poderia dar. Enxergar essa verdade pode derrubar a parede da rejeição.

Jesus queria muito que as pessoas vissem a verdade. Por isso ele tantas vezes contestou a maneira como elas olhavam a vida e umas às outras. Às vezes ele dizia: "Vocês ouviram o que foi dito..." e, então, citava alguma crença estabelecida. Depois, contrariava aquele senso comum com a frase "mas eu lhes digo..." e seguia adiante, deixando os ouvintes atônitos com uma perspectiva maravilhosamente nova da velha maneira de pensar.

A filosofia de Jesus poderia ser resumida da seguinte maneira: a vida não gira em torno de você, não gira em torno de suas coisas e nem mesmo em torno deste mundo. Não se trata de sentir-se bem ou de obter aquilo que deseja. Não se trata do que você acha que precisa neste momento. Trata-se de outro mundo além da Terra, e de um mundo interior do coração, nos quais não há conflito ou faz de conta. Jesus fez a diferença dois mil anos atrás porque desafiou as pessoas a verem as coisas de uma perspectiva verdadeira. A maneira antiga criava barreiras porque não se baseava na realidade. Viver com a verdade e na verdade nos liberta. Essa é outra maneira de dizer que compreender a realidade de fato remove paredes.

História repetida

Superar uma parede pode significar aprender mais sobre a história da pessoa que rejeitou você ou que a maltratou e descobrir o que a levou a fazer isso. Num seminário que conduzi no sul da Califórnia, trabalhei com um rapaz cuja vida estava bloqueada por uma parede de raiva contra sua mãe. Quando ele era criança, sua mãe o colocou na varanda de um vizinho e o abandonou. Agora ele estava com raiva porque, depois de todos aqueles anos, ela queria retornar à vida dele.

Seguindo uma sugestão minha, ele conseguiu lidar com o incidente e vê-lo através de lentes mais claras. Eu o instruí a ligar para sua mãe e perguntar sobre a infância dela. Talvez isso revelasse as razões por que ela tomou a decisão de abandoná-lo. No dia seguinte ele retornou em lágrimas. Sua mãe lhe dissera que a mãe dela havia feito o mesmo, e nunca havia voltado. Agora ela tentava virar uma página e ser alguém melhor do que sua própria mãe havia sido.

Ver toda a verdade por trás daquele evento traumático removeu a parede para aquele homem. Aquilo o libertou da barreira do passado que bloqueava seu presente. Permitiu que ele resolvesse as emoções negativas, mudasse o foco de sua vida e desenvolvesse um vínculo profundo com a mãe.

Muitos pais e filhos estão distantes uns dos outros sem perceber que, na verdade, compartilham um elo de negligência, uma experiência comum de dor e uma batalha mútua que podem fazê-los superar as paredes do ressentimento e da amargura.

Quando uma pessoa que foi abandonada ou que sofreu abuso sobe para tomar fôlego, emergindo de uma vida de amargura, raiva e ressentimento, ela pode começar a ver que não conhecia toda a história. A pessoa sem coração que infligiu a ferida pode ter adquirido coração, e a dor que a vítima sente talvez seja o maior arrependimento daquela pessoa.

Mas o meu abuso foi real

Neste momento, você pode estar pensando: "Este livro não é para mim, pois realmente sofri abuso", ou "Isso não é para mim porque o horror da minha infância não é uma parede fictícia. Não é algo que inventei; realmente aconteceu". Se os seus pensamentos são esses, ou são algo parecido, espero que continue lendo, pois estou bastante consciente da realidade de abusos do passado e do convívio com pessoas impossíveis no presente. Não desprezo sua dor nem por um segundo. Para muitos, a vida é um verdadeiro inferno.

No entanto, eu não estaria escrevendo isto se não acreditasse que mesmo as piores situações podem ser tratadas. Ainda que você esteja vivendo na mais terrível situação de abuso ou no relacionamento mais negligente e desconectado, você pode ter construído uma parede que o mantém preso num lugar escuro onde você não precisa ficar. As crianças não são responsáveis pelo abuso que lhes roubou a infância, mas na idade adulta serão responsáveis por suas reações àquela fase inicial da vida — reações que podem lhes roubar uma vida adulta cheia de significado. Depois de assumir a responsabilidade, você encontrará nova esperança e perspectiva à medida que pôr sua vida em movimento e deixar sua parede para trás.

2

A parede da resistência teimosa

Duas vezes por ano, trabalho como apresentador e palestrante de uma oficina intensiva de abrangência nacional sobre perda de peso. Sempre fico surpreso ao ver pessoas que vêm de todas as partes dos Estados Unidos para participar. Algumas precisaram suportar a vergonha de pagar por dois assentos no avião a fim de acomodar seu volume. Muitas vêm em cadeiras de rodas, pois seu peso as impede de caminhar com facilidade — se é que caminham. Tubos de oxigênio saem de recipientes e chegam ao nariz, pois não conseguem mais respirar adequadamente sem ajuda.

Quando vejo essas pessoas, penso em uma frase do filme *O sexto sentido*, quando o menino diz: "Eu vejo gente morta". Realmente parece que a vida já abandonou aquelas pessoas lindas. Você pode pensar que, em meio à dificuldade que enfrentam, todas elas seriam altamente motivadas a ouvir coisas novas e tentar novas maneiras de perder peso e não mais tornar a ganhá-lo. Mas não necessariamente é isso o que acontece.

Na primeira noite, durante a primeira sessão, coloco-me diante dos participantes e declaro: "Todos vocês nesta sala possuem algo em comum, que não é apenas a luta com seu peso. Cada pessoa aqui luta com aquilo que chamo de 'resistência teimosa'. De fato, alguns de vocês construíram toda a sua identidade em torno da resistência a qualquer sugestão que venha de qualquer pessoa. Se alguém diz 'branco', você automaticamente diz 'preto'. Se alguém diz 'vá para a direita', você desvia para a esquerda. Você tem grande dificuldade de concordar com o que os outros pensam".

Na sequência, digo: "Para alguns de vocês, a resistência teimosa é tão forte que, na verdade, você veio aqui para provar que *não* pode ser ajudado. Talvez você não perceba, mas veio até aqui para solidificar sua crença de que sabe tudo o que existe sobre perda de peso e que ninguém conhece você e suas necessidades suficientemente bem para ajudá-lo. Mas, se não abandonar sua resistência teimosa, você sairá daqui sem ter ouvido, sem ter se aberto e sem ter se arriscado a dar o passo que tornaria sua vida completamente diferente daquilo que é hoje."

Não me entenda mal. Não foi a resistência teimosa que fez que aquelas pessoas tivessem excesso de peso. Foi uma combinação dos alimentos que comeram, dos exercícios que escolheram, das atitudes que tiveram e dos genes que herdaram. Mas é a resistência teimosa que as mantém presas em sua condição de sobrepeso. A resistência as impede de ver seus pontos cegos e alimenta a crença de que não há esperança para vencer a parede que as impede de experimentar uma nova vida.

Felizmente, pelo fato de dizermos isso logo no início, muitos participantes abrem a mente para admitir a possibilidade de haver um ponto cego e para aceitar a implicação de que sua incapacidade contínua de superar a parede de seu peso pode ser, em parte, provocada por eles mesmos. Com esse tipo de abertura, muitos são capazes de enxergar a resistência a que têm se apegado desde a infância e encontrar um novo caminho cheio de esperança e potencial. Essas pessoas não apenas perdem peso e reconstroem sua realidade externa, como também tratam as concepções negativas que têm alimentado seus anseios por mais comida do que precisam.

"Aquilo"

Enquanto aquelas pessoas acreditarem que as paredes que não podem transpor são seu peso, ainda possuirão pontos cegos e continuarão a se chocar contra paredes reais que não conseguem ver. O verdadeiro problema é uma realidade mais profunda que chamo de "aquilo". A maioria das pessoas que vem à palestra acredita que esse "aquilo" é sua necessidade de perder peso, mas, durante o curso de um final de semana, elas passam a entender que "aquilo" significa muito mais. Enquanto o peso for a única questão abordada, os fatores causadores do excesso de peso não serão tratados. Aqueles que se saem bem na oficina descobrem que "aquilo" que precisam abordar é a culpa e a vergonha que têm carregado desde que passaram por algum acontecimento extraordinariamente doloroso em seu passado. Se não perderem "aquilo", qualquer esforço para perder peso será temporário e apenas se somará às frustrações. E, à medida que continuarem alimentando "aquilo", o excesso de peso voltará, muitas vezes pior do que antes.

Assim que as pessoas vão atrás de "aquilo" que está por trás do problema de peso, elas rompem sua resistência teimosa e passam a seguir no caminho que leva ao progresso real — que compreende não apenas a perda de peso do corpo, mas também a perda de peso da alma, a qual, por sua vez, as leva a manter o peso controlado de modo definitivo.

Resistindo à perda de nossa resistência teimosa

Se você não tem excesso de peso, talvez olhe para alguns daqueles lutadores e diga: "Como uma pessoa com sobrepeso de cinquenta quilos resiste teimosamente à ajuda que poderia libertá-la de sua condição?". Mas você deve ser como eu: embora meu corpo não mostre um problema óbvio com o peso, dentro de minha alma — e dentro da sua — existem problemas igualmente grandes que precisam de atenção. É aquele velho problema de visão perfeita ao olharmos para a vida dos outros e de cegueira quando olhamos para nós mesmos.

Ora, seja honesto: quando começou a ler este capítulo sobre resistência teimosa, você não começou a pensar imediatamente em alguém que você conhece que exibe esse traço? É muito fácil apontar para outra pessoa, porque isso tira a atenção de mim mesmo. É fácil apontar o dedo para aqueles que têm problemas óbvios; é muito mais difícil, no entanto, examinar a minha vida para ver se estou exibindo alguma outra forma dessa resistência teimosa paralisante. Porém, se eu quiser superar as minhas paredes, devo parar de apontar o dedo e considerar a possibilidade de eu ter essa mesma característica. Como o protagonista da cômica tira de quadrinhos *Pogo* costumava dizer: "Encontramos o inimigo, e o inimigo somos nós".

Quando está mobilizado pela resistência teimosa, você se recusa a dar ouvidos a palavras que o ajudariam a superar as paredes. Você defende e racionaliza seu comportamento e atitudes. Projeta seus problemas em outra pessoa, culpando os outros ou as circunstâncias por sua atual condição. Você se torna reativo àqueles que o desafiam, pois fará qualquer coisa para proteger a parede que criou a fim de evitar a dor da autoanálise. Você não está disposto a tentar uma forma diferente de pensar ou de viver porque tem medo de perder o conforto que é esconder-se detrás daquela parede disfuncional.

A Bíblia nos confronta diretamente em relação à resistência teimosa em Atos 7.51: "Povo teimoso! Vocês têm o coração incircuncidado e são surdos para a verdade. Resistirão para sempre ao Espírito Santo?". Se você permitir, Deus pode usar as palavras deste livro, as palavras das Escrituras, as palavras de outras pessoas, as impressões em seu coração e sua própria intuição para ajudá-lo a vencer a parede da sua resistência teimosa.

Reis da resistência teimosa

Muitas pessoas se apegam a uma obstinada resistência, tal como o faraó nos dias de Moisés. Moisés pediu ao faraó que deixasse os israelitas sair do Egito, mas o faraó resistiu com intensa teimosia. Então, Deus enviou pragas sobre a nação do faraó com o propósito de fazê-lo mudar de ideia. Ora, se eu tivesse sido o faraó, é provável que também tivesse resistido ao pedido de Moisés para deixar que os escravos simplesmente fossem embora do meu país. Depois dos piolhos, porém, isso deixaria de ser um problema. Se não pelos piolhos, as moscas certamente teriam mudado meu coração. Uma mosca já é suficiente para mim. Sei bem onde aquelas perninhas estiveram. Mas um imenso enxame de piolhos e moscas não foi suficiente para romper a resistência teimosa do faraó. Nem mesmo as feridas dolorosas e purulentas que surgiram nele e em seus compatriotas. Ele continuou teimoso, praga após praga, cada uma pior do que a anterior, até que o Egito foi totalmente devastado. O faraó, no entanto, resistiu teimosamente, para sua própria vergonha.

Nós fazemos a mesma coisa. Tornamo-nos os reis da resistência teimosa em nosso pequeno mundo particular. Caímos em uma rotina que nos leva por caminhos que não causam outra coisa senão dor, e acabamos batendo numa parede. Ainda assim, fazemos de tudo, exceto tentar algo diferente. Desenvolvemos hábitos e manias dos quais nem pensamos em nos livrar. Ferimos a nós mesmos e àqueles ao nosso redor, permitindo que feridas supurem em praticamente todas as áreas da vida. As feridas crescem e infeccionam; contudo, ainda nos apegamos ao nosso direito de fazer o que nos agrada. Ou então exigimos que outros cuidem de nossa dor, recusando-nos a derrubar as paredes de resistência que nós mesmos criamos.

O fato de conseguirmos suportar tamanha perda e dor e, ainda assim, nos recusarmos a buscar ajuda permanece um mistério. Mas é o que acontece. Em vez de procurarmos maneiras de derrubar as paredes, apegamo-nos ao nosso direito de permanecer os mesmos, ao direito de viver a vida como quisermos, não importando quão dolorosa essa vida possa se tornar.

A resistência teimosa é herdada

Imagino que tenho sido bastante duro até aqui, insistindo na probabilidade de que, em algum lugar da sua vida, você provavelmente esteja exibindo alguma forma de resistência teimosa. Mas agora quero lhe dar um pouco de alívio. A maioria de nós não obtém esses traços por conta própria. É comum aprendermos isso com pais ou avós que dominavam a arte da resistência.

Venho de uma família extremamente teimosa, que não queria ouvir de ninguém que havia um caminho melhor. Meu avô foi o maior cabeça-dura que conheci. Admirava sua confiança inabalável, mas ela normalmente atrapalhava qualquer coisa em que estava envolvido. E em muitas ocasiões me flagrei vivendo de acordo com os genes que me foram transmitidos.

Meu avô vivia perto de um lago, numa casa que construíra com os cinco filhos. Inicialmente, ela foi construída como uma pequena cabana com varanda que podia acomodar cerca de vinte pessoas. Mas a família aumentou, e a pequena cabana precisou ser ampliada.

A estrutura expandida transformou-se num lugar agradável, passando do dobro de seu tamanho original. Mas ali havia um grande problema. Meu avô não levara em conta a altura do teto na expansão. As fundações estavam cerca de trinta centímetros mais altas do que as da cabana original. Desse modo, o teto na nova área ficou trinta centímetros mais baixo do que deveria. Sentia que precisava me arquear quando estava na sala principal. Se eu não prestasse atenção, poderia bater a cabeça no ventilador de teto e me ferir gravemente. Tudo por causa do meu avô teimoso. Seus filhos desde o início o avisaram do desnivelamento do chão, mas ele não lhes deu ouvidos, pois tinha certeza de que estava tudo certo.

Aqueles que são criados numa família assim podem passar a crer que é dessa maneira que as pessoas normalmente se relacionam. Cada pessoa assume uma posição e a defende. Qualquer outro que ofereça uma sugestão nova ou diferente não entende que ali existe uma tradição a manter ou um padrão a seguir. Assim, geração após geração, a família se prende a essa posição doentia, na qual ninguém muda e todos vivem atrás de paredes (ou debaixo de tetos baixos), desconectados de relacionamentos verdadeiramente íntimos.

Outro alívio que posso dar àqueles que cresceram em famílias doentias assim é dizer-lhes que não havia outra maneira de sobreviver senão vigiar seu território individual e aguentar firme. Como já era difícil simplesmente suportar cada momento, a resistência se tornou uma defesa que os ajudou a viver para ver um novo dia.

Portanto, não se culpe pelo fato de a resistência teimosa o ter ferido. Sinta-se bem porque agora você a vê como uma parede, e essa nova clareza o capacita a fazer algo a respeito. Você não precisa mais estar entre aqueles que continuam a chocar-se contra paredes porque se apegam a padrões destrutivos de teimosia e resistência.

Disposição: a chave para superar a resistência teimosa

Se você perceber que possui uma tendência à resistência teimosa, seja agradecido, pois não é fácil as pessoas enxergarem a necessidade de mudança nessa área. O mais comum é que a pessoa teimosa se veja como alguém extremamente confiante. Ainda que você consiga superar essa racionalização e venha a enxergar a necessidade de mudança, pela própria natureza da resistência você será teimosamente resistente a qualquer mudança. Portanto, não espere superá-la num momento ou em apenas um dia. Isso exigirá tempo e trabalho.

O primeiro passo: mente aberta

Embora a chave para superar a resistência teimosa seja a disposição, raramente estamos dispostos a mudar, a não ser que primeiro compreendamos a necessidade. E nunca a necessidade se transformará em disposição de mudar a não ser que nossa mente esteja aberta e olhemos para as situações de maneira objetiva. Olhar para as situações de maneira objetiva talvez seja a atitude mais difícil a ser adotada por qualquer pessoa teimosamente resistente. Mas abrir a mente à possibilidade de haver outros pontos de vista é a única maneira de remover as paredes que nos detêm. Devemos aprender a ver nossa vida sob uma luz completamente nova, a partir de um ponto de vista mais objetivo do que nossas meras opiniões sobre como as coisas devem ser.

Se você tem dúvidas de que apresenta resistência teimosa, faça a autoavaliação a seguir. Esforce-se para abrir a mente à verdade e responda honestamente:

- Com que frequência admito estar errado?
- Com que frequência peço perdão?
- Com que frequência peço a opinião das pessoas?
- Alguma vez admiti que tenho tratado os problemas de forma prejudicial?
- Estou disposto a reconhecer que talvez precise de ajuda para superar as paredes da minha vida?
- Alguma vez eu disse: "Você sabia que eu era assim quando se casou comigo"?
- As pessoas me dizem, ou eu mesmo sinto, que tenho grande necessidade de estar sempre certo?
- Deixo de dar ouvidos a pessoas que tentam me fazer ver as coisas de maneira diferente?
- Sou uma pessoa do tipo "do meu jeito ou de jeito nenhum"?

Essas perguntas podem dar uma indicação do nível de abertura da sua mente. A abertura da mente se caracteriza pela capacidade de ver as coisas da perspectiva de outra pessoa, ou pelo menos de estar disposto a reconhecer que existem outros pontos de vista a serem considerados. Pessoas de mente aberta percebem não apenas que nem sempre estão certas, mas também que precisam fazer a coisa certa quando estiverem erradas. São capazes de se calar por um tempo e ouvir alguém que talvez tenha algo valioso para compartilhar. Pessoas de mente aberta estão dispostas a considerar a possibilidade de receber aconselhamento porque sabem que existe um mundo de informações vitais e úteis à disposição que provavelmente não encontrariam sozinhas.

Rumo à disposição

A mente aberta é uma valiosa ferramenta de avaliação, mas é inútil se não for seguida pela disposição de agir. Ter a mente aberta é o pré-requisito; ter disposição é a chave para superar a resistência teimosa. Algumas pessoas fazem todo tipo de plano mas nunca os realizam e têm sonhos que nunca se concretizam. Por repetidas vezes elas suspiram e lamentam as grandes coisas que teriam acontecido se tivessem conseguido aquilo que planejavam. Elas *pretendiam* fazer uma festa de aniversário realmente especial. Elas *queriam* participar daquela reunião. Elas *planejavam* ligar para aquele terapeuta. Mas, por alguma razão, nunca conseguiram.

Uma pessoa com disposição vai além das boas intenções. Não existe "tentar" ou "querer" para a pessoa disposta. Aquele que é disposto de fato realiza as coisas. Disposição significa ir além do desejo e realmente fazer o que for necessário para tornar as coisas diferentes. É perceber que, se eu não comparecer àquela reunião, não receberei informações sobre minha situação ou meus problemas. Portanto, estou disposto a lidar com todo obstáculo que se colocar em meu caminho. A disposição leva à mudança real.

Gosto muito da história de três homens que discutiam sobre o funeral de cada um. Um dos homens diz:

— Quando as pessoas olharem para o meu caixão, quero que digam que fui um bom homem.

O segundo diz:

— Quero que olhem para o meu caixão e digam que fui um bom pai.

O terceiro homem arremata:

— Quero que olhem para o meu caixão e digam: "Ele está se mexendo! Ele está vivo!".

Creio que todos nós adoraríamos ter uma segunda chance na vida. Odeio ter de lhe dizer, mas isso não vai acontecer. Você só tem uma oportunidade. Viva essa oportunidade com uma resistência duramente obstinada e você viverá atrás de uma parede que o separa de tudo o que sua vida poderia ser. Mas as coisas não precisam ser assim. Você pode superar qualquer parede e alcançar a verdadeira liberdade se realizar o trabalho bastante real de substituir a dura resistência por uma disposição mental aberta, determinado a analisar sua vida de forma objetiva, escutar a sabedoria dos outros e mover-se na direção da mudança real.

3

A parede do merecimento arrogante

Na minha vida oculta, sou cantor. Não um cantor profissional, mas um cantor de karaokê bastante razoável. Sei que essa confissão provavelmente diminui o respeito de alguns leitores por mim, mas canto no karaokê porque é muito divertido. É verdade que já ganhei alguns concursos, sempre cantando músicas de Frank Sinatra. O número vencedor que apresentei em minha primeira competição foi um dos maiores sucessos de Frank: "My way" [Do meu jeito].

"My way" é uma ótima canção, com uma letra forte, uma melodia pegajosa e um final grandioso. É também, sem dúvida, uma das músicas mais arrogantes que já foram compostas. Nessa música, Frank diz ter feito tudo na vida da maneira que quis, e também diz ter tão poucos arrependimentos em relação ao que fez que nem vale a pena mencioná-los. Quão arrogante você consegue ser? Talvez a música tenha feito sucesso porque expressa um profundo desejo da maioria das pessoas. Qualquer um de nós quer viver a vida "do nosso jeito".

Vivemos em um mundo que incentiva esse pensamento de viver do próprio jeito. Somos bombardeados por anúncios que nos dizem "faça do seu jeito" e "você merece uma pausa hoje". Saia e pegue o que você merece, não importa o que isso cause nos outros. Compre esse produto de luxo porque você merece. Você tem o direito de ser feliz; se não estiver encontrando a felicidade em seu trabalho e em seus relacionamentos, você tem o direito de procurá-la em outro lugar e de outra maneira. Afinal de contas, a vida não gira em torno de *você* e de fazer as coisas do *seu* jeito?

A ponte para a imoralidade

Esse tipo de pensamento gera um conflito interno, uma vez que a maioria das pessoas sabe, no fundo, aquilo que deve ou não fazer. A Bíblia contradiz o viver orientado para si mesmo ao dizer que não devemos exigir que as coisas sejam feitas do nosso jeito, mas que devemos viver com uma forte preocupação pelos outros. Assim, quando as pessoas querem explorar seu senso de merecimento arrogante e egocêntrico, a consciência delas precisa de pontes que justifiquem a ida de um ponto que sabem estar certo a outro onde podem se entregar ao que não é certo. É o que chamamos de *racionalização.*

A maioria das pessoas se sente compelida a racionalizar suas ações quando faz algo errado. Caso contrário, a consciência irá doer. Desse modo, a pessoa que leva do trabalho para casa uma caixa de lápis ou um programa de computador convence a si mesma de que não está roubando; ela de fato vale mais do que o salário que recebe e está simplesmente igualando as coisas ao levar aquilo a que considera ter direito.

Uma das situações mais tristes que já vi ocorreu com um jovem casal que vivenciou a infidelidade no seu casamento. A traição ocorria por parte da mulher, que desenvolvera um vício sexual. Ela era cristã, e seu casamento anterior havia acabado em divórcio. Antes, porém, de o divórcio se concluir, ela passou a dormir com vários homens, que lhe davam apoio financeiro em troca de envolvimento sexual. Eles lhe compravam carros e a ajudavam com as contas, e ela satisfazia os desejos sexuais tanto deles quanto dela mesma. Ela se sentia *merecedora* do sexo que seu divórcio havia lhe negado, o que também lhe dava o que ela queria.

Um jovem da igreja não sabia da história daquela mulher e se apaixonou perdidamente por ela. Ele também era divorciado, mas estava determinado a se guardar para sua próxima esposa. Quando começou a namorar aquela mulher, ele até mesmo resistiu às tentativas dela de fazer sexo porque queria honrar a Deus com seu comportamento sexual.

Depois de um ano de namoro, eles se casaram e foram para a lua de mel, onde as coisas não se saíram muito bem. Ela não achou o sexo com seu marido tão excitante quanto o que tivera com alguns dos homens que havia namorado. Ela se sentia no direito de ter uma vida sexual fantástica e, em vez de ter a paciência de permitir que os ajustes sexuais de um novo casamento se dessem naturalmente, sua imaginação começou a vaguear, e ela passou a buscar a atenção de outros homens. Quando um deles respondeu à sua sedução, ela terminou fazendo sexo com ele no banco de trás do carro que seu novo marido lhe dera. Seis meses depois, ela confessou o caso ao marido.

A confissão foi uma total surpresa para ele. Ele ficou tão profundamente deprimido que duvidou que conseguiria se recuperar. Ele admirava demais aquela mulher e achava que ela era a primeira pessoa que realmente o amava, mas acabara de descobrir que ela não amava ninguém, a não ser a si mesma. Seu coração estava tão despedaçado que havia dias em que não conseguia sequer conversar. O sentimento egocêntrico e arrogante da mulher, de que merecia sexo estivesse solteira ou casada, arruinou completamente toda a sua convicção de certo e errado, e ela desprezou os sentimentos e as necessidades do marido. As ações dela o deixaram devastado. Existem mais detalhes na história desse casal, mas vou guardar o restante para o final do capítulo.

Aquela mulher não havia planejado ter um caso. Mas ela não estava satisfeita em seu casamento e sentiu-se no direito de ser feliz a todo custo, não importando a quem viesse ferir. Tudo o que a interessava de fato era ter suas próprias necessidades egoístas atendidas. Assim, ela se sentia justificada ao chegar cada vez mais perto do homem na mesa ao lado. Em pouco tempo, o desejo e a paixão puseram de lado seu senso de certo e errado, e ela encontrou uma racionalização aceitável para criar uma ponte entre o que ela sabia que era certo e o prazer e a felicidade dos quais se achava merecedora. Ela permitiu a traição ao convencer a si mesma de que sua ação era justificável, dizendo coisas como:

- "Eu mereço isso."
- "Tenho necessidades reais que meu marido *não está* satisfazendo."
- "Passo por uma crise, e isso irá aliviá-la."
- "Isso não é traição de fato, porque eu ainda amo meu marido e ele nunca saberá."
- "Meu marido me desapontou. Por isso, a culpa é dele."
- "Qualquer um na minha situação faria a mesma coisa."
- "Não sou plenamente responsável porque sou uma viciada."

Se disser essas coisas a si mesmo por tempo suficiente, você terminará construindo uma ponte que o levará até o merecimento arrogante. Você racionalizará suas ações de modo que fazer o errado parecerá bastante aceitável, dadas as circunstâncias.

Essa indulgência para com o merecimento arrogante tende a começar leve, mas, como um pequeno vírus, crescerá até infectar todas as áreas da sua vida. Por fim, destruirá seus relacionamentos e sua capacidade de saná-los. Para usar outra metáfora, o merecimento arrogante e egocêntrico é um poço sem fundo que nunca pode ser preenchido. Cada tentativa para enchê-lo deixará você insatisfeito e desejando mais, sempre acreditando que merece mais do que tem, sem nunca receber realmente tudo o que merece.

Se você permanecer no caminho do merecimento arrogante, sempre estará procurando pela próxima coisa ou pela próxima pessoa que o ajudará a obter o que você deseja. Você se tornará um usurpador, uma pessoa gananciosa interessada só em si mesma, que usa as pessoas, tira o que puder delas e, então, segue adiante, desconectando-se completamente ou descartando relacionamentos como se fossem lenços usados.

A mentalidade adolescente

O merecimento arrogante é um estado mental adolescente. É a maneira como todos nós tendemos a pensar quando alcançamos a puberdade. Adolescentes sentem-se merecedores de novas liberdades e experiências. Se os pais dizem ao filho que um carro novo não virá junto com a carteira de habilitação, ele fica surpreso diante da insensibilidade e crueldade de seus pais. Se proibirem o adolescente de ver qualquer tipo de filme a que ele considera adequado assistir, ele se espanta diante da severidade irracional dos pais. O senso adolescente de merecimento é afrontado.

É claro que os adolescentes não consideram que estão agindo de maneira imatura. Eles estão cegos para a verdade porque ainda não alcançaram a sabedoria de ver a si mesmos de forma objetiva. À medida que chegamos à vida adulta, devemos alcançar a sabedoria, aprender a ver a verdade sobre nós mesmos e mudá-la. Contudo, para muitos de nós, o senso de merecimento arrogante e egocêntrico persiste. É um problema humano desde que Adão e Eva rejeitaram a ordem de Deus e se declararam rei e rainha da própria vida.

Se você age com base no merecimento egocêntrico e exige viver "do seu jeito", passará a ver a si mesmo como o centro do universo — o rei ou a rainha do seu território. Se você persistir em viver como um membro autonomeado da realeza, outros começarão a vê-lo dessa maneira também. Mas essa notícia não é tão boa quanto você possa achar. Para eles, você será Sua Alteza Real, o Bebê, ou o Sir Menino Mimado. Conhece a história do imperador que está nu? Eles verão quem você realmente é. Você quer o que quer quando quer, e, se não consegue, você se irrita. Está sempre buscando mais do que tem e acreditando que merece tudo o que é possível obter.

É claro, as pessoas egocêntricas não se veem dessa maneira. Tudo o que elas querem dos outros é aquilo que lhes é "devido". Elas já demarcaram seu território e esperam que todos honrem suas fronteiras e suas normas. Em resumo, estão presas a uma maneira imatura de pensar.

Adultos maduros aprendem que seu senso de merecimento adolescente e egocêntrico os leva rapidamente a chocar-se contra paredes. Eles aprendem pela experiência a parar de fazer o que acham que merecem e se voltam para as realizações que levam a resultados positivos de longo prazo. Também ampliam seu ponto de vista; deixam de se concentrar apenas em si mesmos e passam a considerar as necessidades dos outros.

Quando estamos presos no merecimento egocêntrico, nunca alcançamos esse nível de preocupação pelo próximo. Seguimos no caminho que escolhemos para nós mesmos, o qual leva a paredes que bloqueiam a vida plena que podemos viver.

Humildade: a chave para superar o merecimento arrogante

A chave para superar o merecimento arrogante é a humildade. A humildade elimina a arrogância egocêntrica que resulta desse merecimento. É o oposto da maneira de pensar que se baseia em expressões como "eu primeiro", "do meu jeito" e "me dê o que eu mereço". A humildade não passa por cima dos outros. Ela estende as mãos para se conectar com os outros e apreciá-los por quem eles são, e não por aquilo que podem fazer por você. Uma pessoa humilde não usa tudo o que tem dentro de si para promover a própria causa; em vez disso, ela deseja usar qualquer ponto forte ou posição que tenha para ajudar os outros e satisfazer as necessidades deles. Como resultado, a parede que impede relacionamentos vem ao chão, dando à pessoa o acesso a uma vida rica, cheia de conexões valiosas com familiares e amigos, com momentos maravilhosos em que outros foram ajudados pelo esforço de um coração humilde que se propôs a ajudar.

A humildade não surge facilmente em nosso mundo. Anúncios, psicologia popular e gurus de autoajuda insistem em que devemos acreditar que somos merecedores de muito prazer e que devemos tomar medidas enérgicas para extrair o máximo de satisfação. Para os cristãos, a velha habilidade de racionalizar costuma reaparecer, batizando nossa busca pelo interesse próprio com a ideia de que Deus realmente *ajuda aqueles que se ajudam*. Essa frase costuma ser erroneamente atribuída à Bíblia, mas pesquise de Gênesis a Apocalipse e você não a encontrará. O que a Bíblia realmente diz é: "Portanto, humilhem-se sob o grande poder de Deus e, no tempo certo, ele os exaltará" (1Pe 5.6).

Se fizer desse versículo o seu guia, você não terá necessidade de egocentrismo nem de sentimentos de merecimento. Um bom ponto de partida é criar o hábito de iniciar cada manhã trabalhando seu relacionamento com Deus. Antes de começar o dia, peça ajuda para entregar-lhe tudo e para humilhar-se diante dele. Peça que a conexão entre você e Deus cresça, de modo que você passe a esperar nele, em vez de esperar que os outros o satisfaçam. Isso nunca é fácil, pois o "tempo de Deus" passa muito mais devagar do que você gostaria. Mas que vida você terá quando tiver o apoio do Deus todo-poderoso!

Jesus não apenas nos disse para nos humilharmos; ele nos mostrou como fazê-lo. Um dos mais profundos exemplos disso ocorreu antes da refeição da Páscoa, na noite anterior à crucificação. Ciente da chegada daquele momento assustador, ele poderia ter decidido que merecia ser tratado como um rei e ser servido por seus leais seguidores. Afinal, ele estava prestes a entregar tudo e suportar dor e sofrimento indizíveis em benefício de outras pessoas. No entanto, em vez de esperar um pouco de consideração em sua última refeição, ele fez a coisa mais inesperada: colocou-se de joelhos e humildemente serviu a seus discípulos ao realizar uma tarefa de servo. O apóstolo João nos apresenta seu relato:

> Jesus sabia que o Pai lhe dera autoridade sobre todas as coisas e que viera de Deus e voltaria para Deus. Assim, levantou-se da mesa, tirou a capa e enrolou uma toalha na cintura. Depois, derramou água numa bacia e começou a lavar os pés de seus discípulos, enxugando-os com a toalha que estava em sua cintura.
>
> João 13.3-5

Que exemplo! Jesus, o Criador e Sustentador do Universo, era merecedor de tudo, mas não exigiu nada. Ele nos mostrou que não importa quem somos ou o que enfrentamos: nunca devemos perder a oportunidade de ser humildes diante dos outros. Em vez de reivindicarmos nossos direitos, devemos dar a preferência ao próximo. Quanto mais egoístas e arrogantemente merecedores nos sentirmos, mais difícil será fazer isso. Mas, quanto mais humildade alcançarmos na derrota do merecimento arrogante, mais fortes nos tornaremos. Como disse Ben, o personagem do filme *O segredo dos animais*: “Um homem forte se defende. Um homem muito forte defende os outros”.

Humildade em ação

Voltemos ao homem cuja esposa teve um caso porque se sentia merecedora de sexo melhor do que aquele que ela achou ter recebido na lua de mel. Ele era cristão e queria fazer a coisa certa, mas foi profundamente ferido. Sentiu um forte desejo de se divorciar e recomeçar a vida. Sabia que precisava perdoá-la e queria fazê-lo, mas não sabia como superar a ferida ou o fato de que ela o fizera de tolo. De maneira egoísta, ela tirara do marido de outra mulher o que achava que merecia, sem se importar com o fato de que aquilo era terrivelmente errado e faria seu próprio marido sofrer com o coração dilacerado. Por fim, ele planejou um ato de humildade que o ajudaria a perdoar e seguir em frente, em vez de guardar rancor e ressentimento contra ela ou deixá-la.

A ideia surgiu quando ele estava lendo a história citada anteriormente, sobre o momento em que Jesus lavou os pés de seus discípulos. Ele não conseguia tirar da cabeça a imagem de Jesus ajoelhado diante daqueles homens egoístas e imaturos que em breve o abandonariam, o trairiam e o negariam em sua hora mais difícil. Ele percebeu que, se Jesus, que era Deus na terra, pôde humilhar a si mesmo diante daqueles homens pecadores que nada mereciam, ele certamente deveria ser capaz de fazer isso diante daquela mulher pecadora e não merecedora.

O marido convidou a esposa para tomar banho. Apagou as luzes, de modo que mal podiam ver a silhueta um do outro. A atmosfera assumiu um ar sagrado em vez de sexual. Ele a levou para debaixo do chuveiro com água morna e começou a passar xampu nos cabelos dela.

Os olhos deles não se encontraram enquanto ele a banhava de cima a baixo. Quando ele chegou às partes íntimas, ambos começaram a chorar. Ele continuou a banhá-la, seguindo até os pés. Vagarosamente, ele lavou e enxaguou os pés da esposa, como fizera com o restante do corpo. Quando terminou, eles ficaram face a face nas sombras enquanto soluçavam.

O ato dramático de lavar e limpar sua esposa foi um símbolo do que aquele homem queria para ela e para seu casamento. Esse ato simbólico tornou-se uma imagem valiosíssima que o auxiliou em seu desejo de seguir em frente. Aquilo lhe deu uma visão de aonde estava indo — rumo ao dia em que ele a veria como pura e limpa novamente. Para ela, forneceu uma imagem do que ela queria sentir e a ajudou a lidar com a vergonha que trouxera sobre si e sobre seu casamento.

O ato de amor daquele homem banhou sua esposa numa renovação de limpeza e perdão, libertando ambos para realizar o trabalho necessário para manter unido o relacionamento abalado. Pelo padrão de qualquer pessoa, ele merecia se divorciar dela, mas ele lutou contra esse impulso egocêntrico e, em vez disso, agiu em humildade altruísta, mostrando perdão a ela e capacitando ambos a deixar para trás a enorme parede que ela havia erguido em seu casamento. A criatividade e o senso dramático deram início ao processo de cura. O trabalho que se seguiu não foi fácil. Mas o banho no chuveiro foi o primeiro passo. Ele pavimentou o caminho rumo à salvação de seu casamento.

Contente em qualquer situação

O apóstolo Paulo é outro exemplo notável de humildade. Esse homem plenamente convertido viveu uma vida de serviço dedicado a Jesus. Sua vida, porém, foi qualquer coisa, menos fácil. Ele foi espancado, assaltado, apedrejado e preso. Paulo poderia ter se queixado de que, pelo fato de ter entregado tanta coisa por Cristo, o Senhor certamente poderia facilitar um pouco as coisas para ele. Se já houve alguém merecedor de um pouco mais de consideração, Paulo certamente é essa pessoa. Ele se humilhou e, quando não podia mudar a situação, mudava sua atitude. Em uma de suas cartas escreveu: "Sei viver na necessidade e também na fartura. Aprendi o segredo de viver em qualquer situação, de estômago cheio ou vazio, com pouco ou muito" (Fp 4.12).

Não haveria como Paulo chegar a esse ponto se ele tivesse se apegado a um senso de merecimento arrogante. Somente pessoas verdadeiramente humildes podem ficar contentes quando passam necessidade. A humildade leva ao contentamento e à satisfação; gera uma vida de gratidão, e não de desapontamento. Um coração humilde atrai pessoas, mas o egocentrismo e a arrogância do merecimento as afastam.

A história a seguir resume a diferença entre o merecimento egoísta e a humildade:

> Um navio de passageiros sofreu um naufrágio durante uma tempestade, e apenas dois passageiros conseguiram nadar até uma pequena ilha deserta. Os dois sobreviventes perceberam que não tinham outro recurso senão a oração. Contudo, numa experiência para descobrir quem tinha a oração mais poderosa, concordaram em dividir o território entre eles e permanecer em lados opostos da ilha.
>
> A primeira coisa pela qual oraram foi comida. Na manhã seguinte, uma árvore frutífera apareceu no lado da ilha do primeiro homem. A terra do outro homem continuou estéril.
>
> A seguir, o primeiro homem orou por um abrigo, roupas e mais comida. No dia seguinte, como mágica, todas essas coisas apareceram. O segundo homem ainda não tinha nada. Por fim, o primeiro homem orou pedindo um navio, de modo que pudesse sair da ilha. De manhã, um navio atracou em seu lado da ilha. Sem saber sobre o segundo homem, ele entrou no navio.
>
> Quando o navio estava prestes a zarpar, o primeiro homem ouviu uma voz ribombando do céu:

— Por que você está deixando seu companheiro na ilha?

— Minhas bênçãos são apenas minhas, pois fui eu quem orou por elas — respondeu o homem. — As orações dele não foram respondidas, de modo que está claro que ele não merece nada.

— Você está errado! — repreendeu a voz. — Ele tinha apenas uma oração, que eu respondi. Se não fosse por aquela oração, você não teria recebido nenhuma das suas bênçãos.

— Diga-me, pelo que ele orou para que eu lhe deva alguma coisa? — quis saber o homem.

— Ele orou pedindo que todas as orações que você fizesse fossem respondidas.

A história expressa uma tendência humana. Em razão de nossa natureza decaída, nós nos preocupamos primeiramente com nossas próprias necessidades. Perseguimos aquilo que queremos e, quando conseguimos, achamos que recebemos apenas aquilo que merecíamos. Somente quando todas as nossas necessidades são satisfeitas, se tanto, é que passamos a levar em consideração as necessidades dos outros. A humildade inverte essa perspectiva.

A pergunta, no entanto, é a seguinte: por que pessoas egocêntricas que possuem um forte senso de merecimento desejariam mudar sua perspectiva? Muito provavelmente elas não desejarão mudar até que batam na parede do isolamento e seus relacionamentos sejam destruídos, algo que o merecimento arrogante inevitavelmente provocará. Nesse ponto, elas podem se dispor a olhar para alternativas ao seu modo de vida.

Naturalmente, será muito melhor se puderem ver a parede antes de bater contra ela. Se o que escrevi abrir os olhos dessas pessoas e lhes mostrar aonde estão indo, elas poderão se abrir para o bom senso e dar uma chance à humildade.

No início, a humildade não virá facilmente. Você precisa se entregar a ela. Isso exige prática, mas, quanto mais você praticar, mais fácil se tornará. Quanto mais tentar, mais colherá as recompensas de ter relacionamentos aperfeiçoados e o alívio da terrível pressão de estar certo, de ter mais, de defender seu território e de viver guerreando contra os outros com o intuito de fazer que as coisas sejam do seu jeito.

Comece agora. Da próxima vez que sentir a necessidade de bater o pé, dê um passo para trás. Ficará cada vez mais fácil à medida que você tentar.

4

A parede do ressentimento justificável

Ninguém em juízo perfeito andaria por aí carregando plutônio radioativo nos bolsos. Esse negócio deixaria você doente, provocaria mutação em seus genes e o faria ter uma morte lenta e dolorosa. A coisa boa em relação ao plutônio é que ele existe em estado sólido e está sempre acondicionado em material resistente, sob rótulo de advertência. Infelizmente, não é esse o caso daquilo que acredito ser a coisa mais perigosa que as pessoas carregam por aí dentro da alma. Refiro-me ao *ressentimento justificável.* Ele pode comer você vivo tão certamente quanto o plutônio pode fazê-lo.

Você está irritado com alguma coisa da sua vida? Alguém o feriu e você sente que tem todo o direito de permanecer irritado e amargurado em relação a essa pessoa? Você fez alguma coisa tão horrível que não consegue perdoar a si mesmo? Em outras palavras, existe algo do passado — algo que você tenha feito ou que fizeram a você — que o deixou com uma sensação de amargura, raiva ou ressentimento que você tem certeza que é perfeitamente justificável?

Talvez você tenha sepultado o evento tão fundo ou o tenha encoberto com tamanha eficiência que nem sequer pensa mais nele. No entanto, quando para e analisa sua vida, você percebe que continua a guardar esse lugar escuro em seu coração e acredita que qualquer pessoa que tenha passado por uma experiência semelhante se sentiria da mesma maneira. Se você estiver carregando algo assim, ele é tão perigoso quanto qualquer material radioativo. Ele pode fazer mais do que destruir você; pode corroer seu ser nos níveis mais profundos.

Como se livrar de pequenos ressentimentos

O que estou abordando aqui não são as pequenas irritações que nos chateiam momentaneamente no dia a dia. Todos nós fazemos coisas esquisitas que irritam os outros. Recentemente, minha esposa, Misty, e eu estávamos andando de carro por uma estrada junto com nossos quatro filhos. Nossa filha Madeline falou sobre algo que havia aprendido em suas aulas de direção — um acrônimo cujo propósito era lembrar o que fazer ao mudar de faixa: LEOA. *L* significa "*l*igue a seta", *E* significa "olhe no *e*spelho", *O* significa "olhe sobre o *o*mbro" e *A* significa "*a*celere e faça a mudança".

Respondi que uso o método EPA: *E* significa "*e*ntre de uma vez", *P* significa "*p*ergunte se alguém está vendo alguma coisa" e *A* significa "*a*funde o pé no freio pouco antes de atingir alguém". Misty começou a rir imediatamente. Por quê? Porque eu havia acabado de resumir a técnica de direção que lhe causa tanta irritação e angústia.

Minha esposa não suporta a maneira como dirijo qualquer coisa, seja um carro, um barco ou um cortador de grama. Meu estilo de condução faz que ela suba pelas paredes. Percebi que homens mais velhos permitem que as mulheres dirijam não porque estejam velhos, mas para permanecerem sãos. O conflito os levaria à loucura.

Todos nós temos esses ressentimentos menores, mas podemos facilmente jogá-los para longe. Eles não vão nos corroer se os virmos como parte das diferenças naturais que surgem quando compartilhamos nossa vida com outras pessoas. Todos temos essas pequenas irritações com os outros, mas elas continuam sendo exatamente isso: pequenas irritações que deixamos para lá e com as quais aprendemos a conviver.

As raízes de amargura

A expressão "aprender a conviver" significa que nos ajustamos ou nos acomodamos à natureza de outra pessoa e aprendemos a aceitá-la como parte da realidade de que somos todos imperfeitos. Mas existe um uso negativo dessa expressão que, na verdade, tem mais a ver com a morte. Aprender a viver com um ressentimento tóxico é como aprender a viver com um pedaço mortal de plutônio no bolso. Algumas feridas ou afrontas se aprofundam de tal maneira que implantam em nosso coração uma *raiz de amargura*. Gosto muito desse termo, pois descreve com precisão a fonte de grande parte de nossa infelicidade. Ao falarmos sobre ressentimento, estamos lidando não com um galho que tem de ser podado ou com um tronco que deve ser cortado, mas com uma raiz que precisa ser arrancada do chão de nosso passado e destruída para sempre.

A Bíblia aborda diretamente esse problema do coração em Efésios 4.31, onde lemos que devemos nos livrar de toda amargura, raiva e ira. Não somos instruídos a nos livrarmos de toda amargura *exceto* quando alguém tiver feito algo realmente terrível contra nós. Não somos instruídos a considerar o que nos aconteceu como uma coisa tão horrível a ponto de termos razão de nos ressentirmos. Não, nós somos instruídos, de maneira simples e clara, a nos livrarmos da amargura.

Por quê? Porque a raiz de amargura nos corrói, destrói nossa motivação para cumprir nossos propósitos na vida e mancha todos os nossos relacionamentos. Em resumo, o ressentimento se torna uma enorme parede que bloqueia nossa vida. Ele também desonra a Deus, que nos perdoou de tantas coisas e quer que estejamos dispostos a perdoar os outros. O texto de Jó 5.2 revela que "o ressentimento destrói o insensato", e isso é o que vemos acontecer o tempo todo. Ao nos apegarmos ao ressentimento, nós nos acorrentamos a um passado que não podemos desfazer ou à pessoa que produziu a dor, a quem não podemos mudar. A alternativa é encontrar uma maneira de seguir adiante, abdicar de nosso direito de nos ressentirmos e descobrir um jeito de perdoar. Enquanto não fizermos isso, o ressentimento justificável continuará a ser uma parede impossível de ser superada.

Coloque-se no lugar do ofensor

Quando as pessoas abrem mão de sua raiva tempo suficiente para olhar o coração dos outros, essa atitude pode fazer a maior diferença do mundo e restaurar relacionamentos que poderiam continuar interrompidos para sempre. Não é algo fácil — requer humildade e um coração submisso para ser levada a efeito. Mas, quando de fato é colocada em prática, as melhores surpresas podem acontecer.

Certa vez, numa grande conferência, eu falava sobre colocar-se no lugar do ofensor. Desafiei pessoas feridas das piores maneiras a fazer o inimaginável e tentar assumir a posição da pessoa que as feriu, simplesmente para ver se isso poderia ajudá-las a deixar o ocorrido para trás e superar seu ressentimento.

Enquanto falava, pensei como isso deve ter soado para alguém que sofreu abuso paterno na infância ou para uma mulher cujo marido a trocou por outra mais jovem. Mas eu sabia que, mesmo nesses casos, o exercício poderia destravar seu foco contínuo sobre a maneira terrível como haviam sido feridos e os capacitaria a seguir adiante. Esse exercício não visa justificar ou racionalizar o mal que foi perpetrado. Seu propósito é humanizar o ofensor, de modo que o perdão possa ser mais facilmente concedido. Não se pode perdoar um demônio, mas você pode perdoar uma pessoa consumida por uma doença.

Depois de apresentar esse conceito delicado, tentando não negar a culpa legítima do perpetrador, um casal se aproximou e derramou seu coração em relação a uma tragédia ocorrida em sua família. Eles haviam iniciado um negócio de venda de joias pelo correio, o qual estava indo muito bem. Sua filha ficou interessada no negócio e começou a trabalhar com eles assim que saiu da faculdade. À medida que os pais ficaram mais velhos, deram à filha mais responsabilidade, na esperança de que ela assumisse a empresa quando eles se aposentassem. Tudo parecia ir muito bem até que a auditoria anual revelou algo perturbador. Durante os dois anos anteriores, trezentos mil dólares haviam sido desviados da empresa.

Para o pai, aquilo era incompreensível. Ele sabia onde cada centavo era gasto — ou pelo menos achava que sabia. Chamou um grupo de auditores para investigar. Eles descobriram que o dinheiro que faltava tinha ido para uma conta gerenciada pela filha. Alguém de seu próprio sangue se apropriara do dinheiro deles.

Os pais fizeram o que teriam feito se o criminoso fosse qualquer outra pessoa. Ligaram para um promotor público, entregaram as provas e abriram um inquérito contra a própria filha. Ela não contestou e passou seis meses na prisão. Quando foi libertada, a mãe e o pai lhe disseram que ela não fazia mais parte da família. Eles não queriam vê-la novamente.

A filha fez tentativas de reconciliação, mas não obteve sucesso. Seus pais a viam como uma mulher cruel, ingrata e destituída de amor que não se importava com eles. Na mente deles, ela era completamente má, pois somente uma pessoa completamente má poderia trair e roubar os próprios pais.

Mas havia um problema. O ressentimento justificável daquele casal em relação à filha era tão profundo que nem a mãe nem o pai conseguiam dormir. Todas as noites, sofriam para dormir, revirando de um lado para o outro na cama e saindo para caminhar pela casa. E aquilo só piorava. Quando ouviram minha palestra sobre colocar-se no lugar do ofensor, encontravam-se na pior situação que haviam estado em toda a vida.

O casal foi tocado por minha palavra. Ambos perceberam que carregavam um ressentimento justificável e se apegavam à sua raiva porque sentiam que tinham direito a ela. Quando lhes pedi que se colocassem no lugar da filha, fizeram exatamente isso. Mais tarde, o pai explicou que ele e a esposa agora a viam sob uma luz completamente diferente. Passaram a deixar de vê-la como uma criminosa que havia se proposto a feri-los. De fato, o pai assumiu um pouco da responsabilidade pelo desespero da filha. Ele lhe pagava cerca de um terço do salário pago a outras pessoas na mesma posição, achando que ela gostaria da ideia de que ganharia muito mais quando assumisse a empresa.

Enquanto os pais refletiam sobre o que a filha lhes dissera quando confessou o crime, começaram a ver as coisas da perspectiva dela. Ela se sentira negligenciada quando era mais nova. Trabalhar, conversar sobre o trabalho e viajar tomava todo o tempo dos pais, e eles não davam atenção a ela. A filha disse que a fraude se tornou um ato compulsivo, que acontecia sempre que eles a deixavam encarregada da administração.

Agora, seus pais conseguiam ver o que ela tentava explicar. Ela não estava justificando o que fizera, como se sua atitude tivesse sido certa; tentava simplesmente ajudá-los a ver como algo tão horrível poderia surgir dentro dela. Ela não os culpava; queria apenas fazê-los acreditar que não os odiava. Ela se sentia merecedora de todo o mal que lhe havia acontecido.

Como resultado, os pais se deram conta de que a haviam tratado de maneira muito dura. O ressentimento os levara a se vingar dela, e agora estavam dispostos a modificar toda a situação.

O casal foi para casa e escreveu uma carta para a filha, dizendo-lhe que haviam cometido um erro. Eles haviam sido duros demais e deixaram que o ressentimento construísse uma parede entre eles. Queriam-na de volta como filha. Tudo foi perdoado e estavam dispostos a recomeçar se ela estivesse pronta.

Foi uma dramática mudança de coração, que derrubou a enorme parede que os tinha isolado em amargura e ressentimento. Mesmo que a filha não respondesse, eles haviam saído de seu lugar e se colocado no lugar dela, o que os levou a descobrir verdades que tinham deixado de ver. Não sei qual foi o resultado da carta enviada à filha, mas pude ver que houve um grande resultado no coração deles.

Livre-se do ressentimento

Em resumo, quando você se agarra ao ressentimento, ainda que o ache justificável, somente coisas ruins resultam dele. O ressentimento é tóxico! Ele pode corroer sua alma como um ácido. O ressentimento também entrega o controle de sua vida à pessoa de quem você se ressente. Não percebemos que, quando nos ressentimos de uma pessoa por algo que ela nos fez, fazemos exatamente o oposto do que queremos: permitimos que aquela pessoa nos controle. Ela se torna uma parede que nos mantém impassíveis, lançando uma sombra escura sobre o presente e bloqueando o futuro.

Sem dúvida sabemos que não devemos deixar que as irritações diárias, comuns, pequenas e sem importância, que surgem naturalmente em qualquer relacionamento, se transformem num ressentimento pleno. O que deixamos de lembrar é que temos de fazer o mesmo com os erros, conflitos e traições maiores. Talvez você nunca mude a pessoa de quem tem ressentimento, mas livrar-se da mágoa certamente mudará você. Exploraremos mais sobre como isso pode ser feito na próxima seção.

Perdão: a chave para superar o ressentimento justificável

Devemos perdoar sem exceção, por mais forte que seja a sensação de que a ofensa justifica nosso ressentimento contínuo. Quando Pedro quis esclarecer o conceito de perdão com Jesus, ele pensava que perdoar sete vezes era o suficiente. Mas Jesus introduziu o cálculo de setenta vezes sete, indicando que o número de vezes que devemos perdoar é ilimitado (Mt 18.22). Recebemos a ordem de perdoar. É comum procurarmos uma brecha para reter o perdão, mas ela não existe. Devemos perdoar.

Quando a ferida é profunda, o perdão pode parecer um pedido nada razoável. Alguns não se dispõem a perdoar quem os feriu porque acreditam que a pessoa que cometeu o abuso merece o pior. Ou pensam que o perdão deixa o perpetrador impune e parece permitir que ele pense que seu ato desprezível tenha sido justificável. Outros não conseguem perdoar porque simplesmente não conseguem superar o sofrimento pelo qual passaram. Continuam a reviver aquela dor, e esse pesar define quem eles são. Quando abandonam o ressentimento, porém, recobram a capacidade de viver de maneira saudável no presente e de desenvolver uma vida com propósito para o futuro.

Fui vítima de ofensas que considerava tão grandes a ponto de achar que ninguém tinha o direito de me pedir para perdoá-las. Por exemplo, um homem de negócios cristão me tirou mais de 1 milhão de dólares em contratos cancelados e compromissos não cumpridos, agindo o tempo todo como se estivesse cheio de amor e compaixão. Em outra situação, uma pessoa do ministério me traiu depois de me convencer de que eu podia confiar nela. Em ambas as situações, a profundidade da dor me deixou atônito e não pude acreditar, acima de tudo, que tinha de perdoar aquelas pessoas. Qualquer um podia ver que eu tinha direito a ter raiva, ódio, ressentimento ou amargura. Contudo, a partir do exato momento em que essas feridas foram infligidas, tive consciência da tarefa diante de mim: a necessidade de perdoar. Embora sentisse a força plena das emoções negativas, rapidamente comecei a me livrar do ressentimento. Sabia que quanto mais eu me apegasse a ele, mais ele me machucaria.

O perdão não foi instantâneo; levou tempo. Tive de trabalhar a dor, o ódio e o ressentimento. Tive de lidar com todas as feridas da minha infância tocadas por aquelas traições. Tive de olhar para minha própria natureza pecaminosa e para minha inclinação a fazer coisas erradas. Por fim, tive de derrubar, vagarosa mas firmemente, aquela parede intransponível, de modo que pudesse seguir adiante. Sabia que, se me agarrasse ao ressentimento, ele se tornaria uma barreira que impediria meu progresso. Meu pai sempre me ensinou a progredir e seguir adiante, a tomar a iniciativa e ser responsável. Quanto mais eu afundasse em ira e amargura, mais estaria suscetível a deixar que a parede de ressentimento transformasse minha vida no que ela não deveria ser.

Assim, perdoei em ambos os casos. Perdoei e, se alguma vingança fosse apropriada, deixaria que Deus fosse o vingador. Ao escrever isto, não guardo rancor em meu coração em relação a nenhuma daquelas pessoas. A parede caiu. Estou livre.

Para ficar livre da influência negativa daquilo que fizeram contra mim — ou, como alguns diriam, de todas as coisas que permiti que fizessem —, precisei fazer o tipo de trabalho que recomendo que você faça. Olhei para aquelas pessoas através de novas lentes. Tentei me colocar no lugar delas. Acima de tudo, precisei admitir que elas tinham o direito de receber aquilo que recebi de Deus: a graça para mim e para elas; a exigência para que eu perdoasse; a consciência de tudo que ele havia perdoado em minha vida.

A verdade de Deus me levou a crer que, independentemente do que qualquer pessoa me tivesse feito ou tirado de mim, ele me restituiria. Eu tinha esperança de que até mesmo o pior sofrimento poderia ser transformado em algo de valor. Assim, comecei a ver aquelas pessoas como ferramentas de Deus — ferramentas imperfeitas que ele estava usando para transformar meu caráter. Uma vez que eu mesmo precisava ser bastante trabalhado, não poderia dedicar tempo e energia me concentrando nas falhas daquelas pessoas. Aos poucos, passei a vê-las como pessoas que não eram piores do que eu e, em alguns aspectos, eram até melhores.

Assim que olhei com novas lentes para aquelas pessoas e para o que haviam feito, estive pronto para resolver as questões. Passei por um período de luto em relação ao que havia perdido, lidei com o medo do que poderia vir pela frente, experimentei a dor e me esqueci de sua fonte. Comecei a me curar. Uma chave para essa cura foi a ajuda que recebi de pessoas que me apoiaram. Essa mudança de perspectiva me capacitou a remover a parede e seguir em frente com minha vida.

Por fim, consegui desviar o foco para longe das tragédias que eu havia sofrido. Naquele ponto, comecei a ver mais claramente o drama de outros que foram feridos e percebi que eu estava em melhor posição de ajudá-los do que estivera antes de minhas experiências dolorosas. Meus maiores reveses me abriram portas para o coração daqueles que haviam passado pelo mesmo tipo de traição. Eles foram atraídos a mim, e tive com eles uma conexão bem mais profunda do que já havia experimentado antes.

A finalização da minha cura se consolidou quando, no momento certo, voltei meu foco para essas pessoas feridas da mesma forma que eu. Isso me permitiu sentir que nada da minha dor fora desperdiçado. Deus a estava usando para ajudar outras pessoas que enfrentavam lutas como a que eu havia enfrentado.

Ferida do passado, dor do presente

Muitas pessoas que aparentam ser competentes e resolvidas são, na verdade, casos típicos de ferida interior. Isso porque elas estão presas a algo horrível que aconteceu no passado e que ainda provoca impacto em sua vida hoje. Essas pessoas vivem atrás da parede do ressentimento, considerando-o justificável porque não conseguem ver seus ofensores como merecedores de perdão.

Uma mulher veio a mim querendo saber como fazer que alguém lhe pedisse perdão. Era uma pergunta incomum. A maioria das pessoas me pergunta como superar uma ferida provocada por alguém que nunca pediu perdão. Vinte anos antes, aquela mulher havia se divorciado do marido, que se apaixonara por outra mulher, com quem veio a se casar mais tarde. Agora, ela queria que o ex-marido tivesse remorso suficiente para lhe pedir perdão, mesmo depois de passados vinte anos.

Esse é um exemplo típico de alguém preso atrás da parede de uma ferida do passado. Ela não tinha entendido quão incomum era sua necessidade de ouvir um pedido de perdão de alguém que não mais fazia parte de sua vida havia tanto tempo. As oportunidades perdidas de vida e felicidade provocadas por essa barreira eram incalculáveis.

Descobri que ela experimentara a mais profunda ferida de sua infância quando o pai se divorciou da mãe para casar-se com outra pessoa, o que a deixou se sentindo abandonada e não amada. Seu marido sabia dessa profunda ferida e de quão difícil fora para ela confiar em qualquer outro homem novamente. A única coisa que ela lhe pedira foi que não se casasse com ela até que não houvesse nenhuma dúvida de que lhe poderia ser fiel pelo resto da vida.

Depois de ter sido tão cautelosa, a traição do marido foi mais do que ela podia suportar. Foi o pecado imperdoável que ela achava que ninguém cometeria contra ela.

O apego à esperança sem sentido

Depois do divórcio, aquela mulher se recusou a levar adiante sua vida. Ela se concentrava exclusivamente naquilo que lhe fora feito. Sua vida se chocou contra uma parede formada por um ressentimento que ela considerava justificável, e não conseguiu se livrar dele. Passou anos esperando que o casamento do ex-marido fosse um desastre total, de modo que ele pudesse voltar para ela se arrastando.

Bem, o casamento não foi um desastre. Permaneceu intacto, e a mulher abandonada finalmente teve de encarar o fato de que ele não voltaria. Com essa possibilidade fora de questão, ela se apegou à outra coisa: a esperança de que o marido se desculpasse e lhe pedisse perdão. E, assim, ela veio até mim querendo saber como fazer que isso acontecesse.

Aquela mulher precisava entender que a parede que havia obstruído sua vida não era o que seu ex-marido lhe fizera, mas sim algo que ela fazia a si mesma. Fixar-se num passado que ela não podia mudar deteve seriamente sua vida. No início, a culpa pela ferida, se ela quisesse culpar, poderia ser colocada sobre ele. Mas agora o problema não era o caso do seu marido nem o divórcio. O problema era a reação dela a esses eventos. Ela precisava tirar o foco daquilo que ele havia feito e concentrar-se em sua reação. Caso contrário, ela continuaria a bater na parede do ressentimento todos os anos restantes de sua vida.

Ela também precisava ser mais realista em relação a seus pensamentos sobre o ex-marido. Tinha de abandonar a perspectiva de que ele vivia arrependido e envergonhado por tê-la traído. O fato de o segundo casamento ter durado mostrava que ele não era completamente ruim. Ele a ferira de forma grave, mas infligir dor aparentemente não era um padrão para ele. Talvez ele tivesse aprendido com seu próprio erro. Talvez tivesse se arrependido por tê-la prejudicado. Também era possível que ele sentisse que nunca poderia viver de acordo com as expectativas dela e, de uma forma bem estranha, a liberou para encontrar alguém que pudesse fazê-lo.

Havia diversas maneiras possíveis de ela enxergar o que havia acontecido tanto tempo atrás e o que uma nova perspectiva poderia significar para sua vida hoje. Somente depois que ela desviasse os olhos da ferida e compreendesse que estava presa atrás de uma parede é que ela seria capaz de perdoar e seguir adiante. Repensar o passado e mudar sua visão do ex-marido não corrigiria o problema, mas poderia dar início ao processo de libertá-la de um passado que ela não podia mudar.

O processo

Perdoar é um processo, não um acontecimento único. Conheci pessoas que foram profundamente feridas e levaram anos para superar suas mágoas. Por isso é melhor começar o processo imediatamente. O primeiro passo pode ser a simples constatação de que você está se apegando a algo tóxico do passado e que considera justificável agir assim. É bom saber que esses sentimentos negativos não estão atingindo em nada a pessoa que feriu você. Pelo contrário, você está permitindo que esses sentimentos deem continuidade ao impacto negativo que aquela pessoa causou em sua vida. Você está deixando que ela domine você. É hora de reconhecer que a pessoa que o feriu continua a ser o foco de grande parte do seu tempo e de sua atenção. Assim que entender isso, você estará em posição de começar a deixar para trás o que passou.

Não conheço nada mais capaz de manter uma pessoa presa atrás de uma parede do que esse sentimento de ressentimento justificável. É um câncer da alma. A amargura está dentro de *você*, e não na pessoa que o machucou. A ira que você sente lhe dá a ilusão de poder, mas na verdade ela rouba seu poder, exaure seu potencial e envenena seus relacionamentos. É por isso que, para o seu bem, e não para o bem do seu ofensor, você precisa iniciar o processo de cura e de perdão. Se não fizer isso, você se arrisca a permanecer atrás de uma parede que amargura e desperdiça a vida, com o foco no passado em vez de desfrutar o presente e seguir em frente, rumo a um futuro brilhante.

Uma das mais lindas promessas das Escrituras se encontra nestas palavras de Jesus, que nos convida a um modo de vida mais elevado do que aquele que o mundo oferece:

> Venham a mim todos vocês que estão cansados e sobrecarregados, e eu lhes darei descanso. Tomem sobre vocês o meu jugo. Deixem que eu lhes ensine, pois sou manso e humilde de coração, e encontrarão descanso para a alma. Meu jugo é fácil de carregar, e o fardo que lhes dou é leve.
>
> Mateus 11.28-30

Ele nos convida a nos aproximarmos dele porque deseja nos dar algo de que precisamos. Ele quer nos dar descanso. Ele quer nos ensinar seu modo gentil e humilde, que nos trará paz à alma. A sua maneira de ser é muito mais simples e leve do que a nossa. E o seu jeito, a sua vida, tem tudo a ver com perdão. Portanto, em algum momento — e espero que, para você, esse momento seja agora — você deve corajosamente seguir adiante, abandonando seu ressentimento e começando a substituí-lo por perdão.

Volto a 1Pedro 4.1 e lembro a mim mesmo que é quando estou preparado para sofrer que estou preparado para deixar de pecar. Qualquer coisa, como um rancor, que me faça ficar aquém do padrão de Deus é pecado. Assim, posso sofrer continuamente em meu pecado ou posso sofrer temporariamente no processo de sair dele e aprender a perdoar. Quando suporto o doloroso processo de me livrar do pecado do ressentimento, derrubo uma parede. Possibilito a mim mesmo abandonar a necessidade de estar no controle e passo a permitir que a verdade de Deus domine minha vida.

5

A parede do isolamento desconectado

Não tenho nenhum problema em me relacionar com pessoas. É verdade. Fico perfeitamente à vontade e sou fácil de lidar, e nem mesmo fico irritado, bravo ou chateado com alguém — *contanto que eu esteja sozinho*. É incrível como a vida é calma e tranquila quando estou isolado. Você realmente iria gostar de mim se me observasse sozinho.

Mas a perfeição que muitos de nós experimentamos quando estamos a sós e desconectados é uma ilusão. A vida solitária é mais fácil, porém mais vazia. Isolados de relacionamentos que expõem a verdade interior sobre nós mesmos, não precisamos enfrentar quem realmente somos. Assim, permanecemos alheios das áreas em que precisamos crescer. A estagnação se torna confortável e paramos de desenvolver a maturidade e a sabedoria que Deus deseja de nós.

Se eu não tiver relacionamentos para me desafiar, permanecerei em completa negação. Farei tudo o que desejar sem nunca ter de questionar se aquilo é o melhor a fazer. Acumularei ressentimentos e maus hábitos até que eles se tornem paredes que bloqueiam meu potencial. Evitarei o poder de lapidação dos relacionamentos e me entregarei a uma vida que ofereça a mínima resistência e a mínima chance de proporcionar sentido e propósito.

Aqueles que se contentam com essa rotina solitária costumam ficar presos a ela, porque seu procedimento se torna tão confortável que eles acham que é dessa forma que a vida tem de ser. Na realidade, trata-se de um obstáculo àquilo que a vida foi projetada para ser.

A vida desconectada

Essa parede é dura de derrubar, escalar ou rodear. Pessoas que desenvolveram uma vida desconectada raramente veem a necessidade de mudar. Em sua avalição, o mundo é inseguro, as pessoas não são confiáveis e não vale a pena se esforçar por elas, ou suas próprias habilidades relacionais não são adequadas. Elas aceitam essas crenças como se fossem fatos irrefutáveis e, assim, vivem de acordo com elas. Não querem ser incomodadas com o trabalho de ver as coisas de uma perspectiva diferente. E também não estão abertas à sugestão de que sua perspectiva talvez não esteja correta.

Sei que isso é um fato porque passei grande parte da vida pensando desse modo. Para ser sincero, herdei de meus pais a tendência ao isolamento. Uma vez que meu pai, minha mãe e meus irmãos mais velhos serviram de exemplo de desconexão, isso foi tudo o que conheci desde o início. Segui esse modelo e vivi como se os relacionamentos fossem opcionais, algo que você poderia administrar depois que tudo o mais estivesse acertado. Eu poderia me inserir em uma grande multidão e ainda assim estar isolado e desconectado. Vivia em meu próprio mundo.

Se você tem a tendência de viver em seu próprio mundo, então não tem nenhuma dificuldade para entender o conceito. Sua vida consiste basicamente em sua imaginação e, embora encontre pessoas de vez em quando, você não tem conexão profunda com ninguém. Meu isolamento interior parecia ser o lugar ideal para viver, e não foi fácil ver que eu havia entendido tudo errado. Construí uma parede contra os relacionamentos e, sem ter alguém próximo o suficiente que me falasse ao coração de modo que eu pudesse ouvir, era difícil sentir qualquer necessidade de derrubar aquela parede. Passei por muita dor até despertar para um caminho diferente e melhor.

Para algumas pessoas, o isolamento pode ser uma resposta a um senso de rejeição. Elas não escolheram ser desconectadas ou isoladas, mas, depois de sofrer rejeição e humilhação por parte de familiares ou de outros contatos sociais, elas se esconderam atrás de uma parede de isolamento como autoproteção contra outras feridas. Esse tornou-se o estilo de vida delas.

Alguns anos atrás, trabalhei com uma mulher que havia se juntado a um grupo de estudo bíblico só para mulheres. Foi bem recebida e estava animada por fazer parte do grupo. Depois de algumas semanas, porém, o grupo não a incluiu em alguns de seus eventos. Então, pouco depois, pediram-lhe que não fosse mais às reuniões.

Situações parecidas já haviam acontecido àquela mulher antes, e tais experiências repetidas a transformaram numa forte candidata ao isolamento. Mas ela não estava disposta a se conformar com esse tipo de vida. Em vez disso, percebeu que tinha um problema e me procurou em busca de ajuda.

Ao explorarmos o episódio do estudo bíblico, ela começou a perceber que estava cega para algumas de suas atitudes. No início ela via a situação apenas da perspectiva de suas necessidades, de seus direitos e do tratamento ruim infligido por aquelas mulheres "sem coração". Mas o fato é que as mulheres se sentiram ofendidas por algumas coisas que ela havia feito. Ficaram ainda mais ofendidas quando conversaram com ela sobre suas ações e não foram levadas a sério. Pediram que ela chegasse na hora, mas ela sempre se atrasava. Era uma interrupção que as mulheres não estavam dispostas a tolerar. Ela se esqueceu de levar sua Bíblia ao estudo, então as mulheres lhe pediram que se lembrasse de trazê-la da próxima vez. Em resposta, ela levou uma do tamanho de um ônibus, aparentemente para zombar do pedido delas. Elas não gostavam da maneira negativa como ela se referia ao marido. Tudo o que havia de errado em seu casamento era culpa dele, e a negatividade contínua estava contaminando as discussões do grupo. Assim, as mulheres lhe pediram que mudasse as atitudes que consideravam perturbadoras ou ofensivas. Quando ela agiu como se não se importasse, pediram-lhe que saísse do grupo.

Obviamente aquela mulher estava cega para os padrões ruins de comportamento presentes em sua vida. As mulheres do grupo fizeram-lhe um favor ao pedir que ela mudasse coisas que outras pessoas de sua vida tinham medo de abordar. É preciso destacar que a mulher estava suficientemente aberta para enxergar a verdade: ela se tornara uma pessoa exigente e imprudente, que perdera contato com o sentimento alheio. Tornara-se o centro do seu mundo e tudo o que lhe importava era como ela se sentia. Se as mulheres do grupo não a tivessem confrontado, ela poderia ter passado a vida toda ofendendo as pessoas, usando-as para fazer que se sentisse bem e rejeitando-as quando deixassem de estimular seu ego. A rejeição inevitável que esse tipo de comportamento produziria facilmente teria deixado essa mulher atrás de uma parede de isolamento, onde ninguém mais lhe poderia infligir novamente a dor da exclusão.

A busca pela verdade sobre si mesma foi dolorosa, mas a levou a fazer importantes mudanças na vida. Se tivesse continuado a ver as coisas apenas à luz de seu ponto de vista, ela teria continuado a bater na parede da rejeição. Nunca teria ido além da obsessão por si mesma.

Três desconectores comuns

Várias coisas causam desconexão entre as pessoas e levam ao isolamento. Um dos maiores desconectores é a incapacidade de demonstrar empatia pela dor da outra pessoa. Assim que as pessoas percebem que você não é sensível à realidade da dor delas, é provável que não desejem continuar ou aprofundar o relacionamento. Essa falta de empatia pode ter como base um foco interno em sua própria dor ou uma desconsideração pelo valor do outro. Você pode se sentir tão preso às próprias feridas que passa a não se importar mais com as feridas alheias. Você pode até mesmo chegar ao extremo de avaliar os outros apenas com base em como eles reagem à ferida que você carrega. Pode exigir deles a empatia e a compreensão que você não lhes dará.

Outro desconector pode ser o fato de você estar tão profundamente marcado por seu passado doloroso que não consegue suportar a dor de outra pessoa. Você resiste a entrar na vida dos outros porque tem medo de que isso o faça quebrar-se sob o peso de tamanha agonia. Quando pessoas vivenciando momentos difíceis percebem que você está deixando de lhes dar conforto porque deseja proteger seu próprio coração, elas sairão em busca de outra pessoa que se importe com elas.

Outro possível desconector é sua própria carência. Se você experimenta algum tipo de dor contínua, pode ser que demonstre uma carência tão patente que acabe repelindo as pessoas. Elas não conseguem satisfazer as exigências que você faz ao relacionamento e, por isso, o rejeitam. Fazer uma boa e sincera autoavaliação pode ajudar a pessoa nessa situação a enxergar o problema de uma perspectiva diferente. A pessoa rejeitada pode passar a se ver como colaboradora do problema em vez de unicamente como vítima do abandono.

Autoavaliação honesta

Nós nos relacionamos com as pessoas conforme fomos ensinados ou de acordo com os exemplos que nos passaram. Se o ensinamento ou o exemplo não tiverem sido saudáveis, repetiremos os mesmos erros, uma vez que eles são tudo o que conhecemos. Estamos convencidos de que aquilo que aprendemos é a maneira como os relacionamentos devem funcionar.

Se estivermos dispostos a deixar que pessoas honestas e objetivas nos ajudem a sondar e a encontrar a verdade, descobriremos que nos falta uma compreensão do nosso papel nos relacionamentos. Pensamos que é nosso papel liderar, quando seria melhor cooperar. Achamos que não devemos expressar nossos desejos e, assim, deixamos de ser verdadeiros na relação. Isso faz que a outra pessoa tenha dificuldade de nos respeitar ou de conhecer quem realmente somos. Descobriremos que somos muito dominantes ou muito passivos, muito exigentes ou muito subservientes, muito resguardados ou muito abertos. A realização de uma sondagem pode revelar como os papéis que assumimos produzem resultados não desejáveis.

Existem outras paredes emocionais que também matam relacionamentos. Tenho visto muitas pessoas que desejam conexão e relacionamento, porém enfrentam constante rejeição e não fazem ideia por que isso acontece. Elas parecem ser candidatas perfeitas para desenvolver relacionamentos. Adoram conexão. Querem ser vulneráveis. Mas o problema é a carência mencionada anteriormente. Elas têm necessidades que ninguém pode satisfazer; ainda assim, anseiam encontrar alguém para satisfazer essas necessidades irreais. O que parece ser tentativa de conexão na verdade é uma forma de mendicância: implorar por algo que não pode ser suprido por uma pessoa.

Quando olham de maneira séria e objetiva para si mesmas, as pessoas carentes começam a enxergar suas exigências irreais e seu poço sem fundo de expectativas. Ajuda se elas também puderem ver as necessidades irreais das outras pessoas. À medida que reduzem suas expectativas a um nível mais realista e autêntico, começam a substituir o foco em si mesmas pela empatia pela dor dos outros. Satisfazer a necessidade alheia, em vez de usar desesperadamente alguém para satisfazer as próprias necessidades, torna-se um ponto de conexão forte e mútuo. Os relacionamentos podem ser construídos com base em respeito mútuo e desejo autêntico pelo bem de todos, em vez de serem dominados por medo, vergonha, controle e desespero.

Pode ser difícil livrar-se de concepções antigas. Mas a opção é viver atrás de uma parede de confinamento que obstrui o crescimento e a alegria. A mudança não acontece sozinha. Depende de você tomar a decisão de se conectar de maneira mais profunda com os outros. É um passo gigantesco para superar a parede e enxergar a vida como ela deveria ser.

Intimidade: a chave para superar o isolamento desconectado

A princípio você pode pensar que o título desta seção é óbvio demais para fazer algum sentido. "Bom, é claro que a intimidade supera o isolamento desconectado!" Mas o problema é que, se uma pessoa optou pelo isolamento, por que ela afinal viria a considerar a intimidade? A própria razão de ter tomado a decisão de se desconectar é que a intimidade exige trabalho, torna-se complexa, significa vulnerabilidade e dor e pede que abdiquemos de partes de nós que queremos manter. Assim, por que alguém deveria se importar em mudar?

A pessoa deve se importar porque seu isolamento é uma parede que a separa de seu potencial pleno — da alegria profunda e da forma como os humanos foram projetados para viver: como seres relacionais que vivem em comunhão uns com os outros. Viver em isolamento em nosso mundo imaginário pode funcionar por um tempo, mas no final o peso da verdade expulsará a alegria da vida isolada.

A vida relacional nos ajuda a ver a verdade por meio da expansão de nossas perspectivas. Somos expostos ao ponto de vista de outra pessoa, o que nos abre o coração e a mente para novas formas de olhar a realidade. À medida que nos relacionamos com pessoas que se importam conosco e que se revelam a nós, começamos a ver nossas próprias falhas. Começamos a fazer ajustes, pequenos e grandes, que nos ajudam a chegar mais perto daquilo que fomos criados para ser.

Uma das coisas difíceis quanto a criar intimidade é que, se alguma vez fomos feridos no passado, a intimidade se torna o oposto do que queremos. Quem pode culpar uma mulher que sofreu abuso no início da vida por definir todo relacionamento com base naquele abuso? Quem pode culpar alguém que foi abandonado emocional ou psicologicamente por acreditar que todos os relacionamentos terminam em abandono? Depois de sofrer maus-tratos na infância, seria simplesmente natural a pessoa encolher-se e proteger a si mesma. Daquela posição, o mundo e as pessoas parecem bastante perigosos. Pensamos que nossa maior necessidade é a proteção contra mais danos, mas não é. Nossa necessidade real é um relacionamento seguro que nos ajude a ver o mundo de maneira diferente.

Uma jovem veio a mim com um problema relacionado à conexão com os homens. Numa classificação de um a dez, a conexão em seus relacionamentos alcançava apenas o nível quatro.

Naquele ponto, ela se guardava e se protegia, limitando sua vulnerabilidade à dor.

Conforme discutíamos suas experiências de vida, ficou óbvia a razão pela qual ela tinha dificuldade de se relacionar com homens de maneira mais profunda. Para começo de conversa, ela havia sido adotada e, por isso, carregava um vago senso de que o primeiro homem de sua vida não a havia aceitado. Depois, os pais adotivos viveram em conflito constante, até que se divorciaram quando ela estava no final da adolescência. Seu relacionamento com o pai adotivo era afetuoso, mas ela sempre achou que, se ele tivesse sido mais forte, poderia ter impedido o divórcio. Enquanto se dava o conflito conjugal, seu pai se reservou em relação à mãe, embora esta fosse infiel, irada e extremamente distante. Em outras palavras, o único homem com quem a filha se relacionava não conseguia se aprofundar tanto em seus próprios relacionamentos pessoais. Desse modo, a filha, percebendo sua capacidade limitada de se relacionar, considerava-o responsável pela dissolução do lar. Ele era o segundo homem a falhar com ela em algum nível.

Ao processar a história dessa mulher, ficou evidente para mim que o relacionamento afetivo que tinha com o pai adotivo a ajudara a sentir-se confortável e a desfrutar muitas amizades saudáveis com homens. Mas os abandonos, reais ou imaginários, as decepções infligidas pelo pai adotivo e pelo biológico, ergueram uma parede de cautela que impedia que seus relacionamentos se aprofundassem.

Assim que percebeu que o passado a estava bloqueando, ela voltou até o homem de seu passado — o pai adotivo — e começou a abrir-lhe o coração e a fazer perguntas profundas. Ela passou a entender a dureza em meio à qual ele fora criado e o deserto emocional que era a família dele. Conforme prosseguiam suas conversas, ela descobriu que não guardava mais rancor do pai e tinha cada vez menos expectativas em relação a ele, ao mesmo tempo que desfrutavam momentos juntos como nunca haviam feito antes.

Então, à medida que se relacionava com homens, parou de ver cada um deles como o parceiro potencial para a vida que ela procurava. Em vez disso, aceitou cada experiência como algo que ela desfrutava pelo que era de fato — uma chance de conhecer outra pessoa. Começou a investir na vida da outra pessoa enquanto aprendia a compartilhar mais livremente e a confiar mais. Manteve um diário para ajudá-la a avaliar quão profundamente achava que estava compartilhando seus sentimentos e quão vulnerável ficava durante um encontro.

Essa nova maneira de lidar com os relacionamentos amenizou sua ansiedade com os homens que namorava. Ela não se preocupava mais com a falta de profundidade relacional; estava fazendo algo a respeito. Não desperdiçava tempo preocupando-se se ele gostava dela ou não. Quando estava com alguém que parecia seguro, ela praticava a vulnerabilidade. Basicamente, ela alongou os músculos de sua vulnerabilidade e aprendeu a se conectar em níveis mais profundos.

Enquanto fazia esses exercícios, ela estabelecia um exemplo com os rapazes com quem se relacionava. A relação não dizia respeito somente a ela. Tinha a ver também com eles. Ela ficou muito boa em compartilhar sem parecer carente ou invasiva.

A parede dessa mulher a fazia considerar os homens indignos de confiança — sua pressuposição era a de que todos os relacionamentos com homens resultavam em abandono ou desapontamento. Ela mudou sua visão e a parede desabou. Ela não ignorou seu passado; ela trabalhou com ele. Descobriu a verdade e usou os resultados para derrubar uma parede e crescer. Em pouco tempo, passou a viver um estilo de vida de conexão íntima.

Seus direitos *versus* o que é certo

Se você cresceu sem saber como desenvolver relacionamentos íntimos, então pode colocar a culpa do seu isolamento em seus pais esquisitos, que nunca lhe ensinaram sobre intimidade ou que lhe deram exemplos ou experiências negativas. O fato é que eles devem ter ensinado a você a maneira perfeita de destruir relacionamentos. Seja afastando-se, seja insistindo, você aprendeu com eles formas ruins de se relacionar, e isso lhe dá o perfeito direito de continuar a se relacionar dessa maneira.

Em outras palavras, você tem o *direito* (ou devo chamar isso de desculpa?) de permanecer atrás daquela parede que você acusa outra pessoa de ter construído. Mas, se quiser viver uma vida saudável e satisfatória, em algum momento você precisará abrir mão desse direito e ir até outras pessoas para desenvolver relacionamentos. Abdique de seus direitos em favor daquilo que é verdadeiramente certo e você descobrirá que fez uma boa troca.

Teologia ditador-capacho

Infelizmente, não são apenas as experiências da infância que nos põem atrás das paredes do isolamento desconectado. Às vezes o ensinamento religioso também o faz. Não me refiro aqui ao verdadeiro ensinamento cristão; Cristo não viveu em isolamento. Ele se conectou com os proscritos, os mais humildes e os rejeitados. Tinha ao seu redor um grupo de homens a quem amou e aceitou com todas as falhas que tinham. Ensinou como manter um relacionamento. Está claro que o isolamento não vem da prática de seguir a Cristo.

Mas existem ensinamentos errôneos proferidos em nome de Cristo que levam ao isolamento. Nenhum desses ensinamentos é mais distorcido do que o conceito da *submissão*.

A submissão é falsamente ensinada como a atitude que as mulheres devem adotar em relação aos homens. Ela põe os homens numa posição de vantagem e lhes dá o direito de pisar nas mulheres e tratá-las como seres inferiores. Essa distorção produziu muitos casamentos em que o homem ficava isolado no topo do relacionamento e a mulher se via emparedada em níveis inferiores. É uma distorção que impede que os cônjuges se conectem e experimentem um relacionamento mutualmente satisfatório. Grande parte desse ensinamento começa e termina com um versículo: "Esposas, sujeite-se cada uma a seu marido, como ao Senhor" (Ef 5.22).

Superficialmente, isso parece muito bem definido. Dá permissão para o homem agir como ditador, pisando em sua esposa-capacho, tudo em nome das Escrituras. É uma licença para destruir toda oportunidade de ligação conjugal íntima. Mas qualquer pessoa que toma essa direção está usando a verdade de forma mentirosa. Esse versículo se torna o principal álibi para crimes cometidos em nome de Deus. E tudo isso porque o tiram do contexto e o usam para manter a esposa "no seu lugar". Também o usam para evitar a autoavaliação.

Tudo o que você precisa fazer é voltar um versículo e encontrar o contexto correto em que Paulo dá essa ordem: "Sujeitem-se uns aos outros por temor a Cristo" (Ef 5.21).

O que Paulo ensina aqui é a *submissão mútua* que constrói a conexão. No contexto de submissão mútua, Paulo elabora o princípio de submissão da esposa ao marido, que é a parte dela no desenvolvimento da conexão conjugal. A submissão da esposa ao marido é algo bom no contexto da submissão *mútua*.

Da mutualidade para a intimidade

Se ainda persiste a ideia de que parece injusto Paulo falar primeiramente da submissão mútua e depois destacar as esposas por meio de uma admoestação adicional para que sejam submissas, leia até o versículo 25. Ali você encontra o equilíbrio, pois o homem é chamado para uma responsabilidade especial: "Maridos, ame cada um a sua esposa, como Cristo amou a igreja. Ele entregou a vida por ela".

Essa passagem certamente dá um fim no arranjo ditador-capacho. O marido é encarregado de *sacrificar-se* pela esposa. Então, finalmente, no versículo 33 o conceito de submissão no relacionamento conclui com esta declaração imparcial: "Portanto, volto a dizer: cada homem deve amar a esposa como ama a si mesmo, e a esposa deve respeitar o marido".

Em todos esses versículos, Paulo descreve a mutualidade que constrói conexão e intimidade. Se não há mutualidade num relacionamento, não há intimidade. Homens que se apegam ao conceito ditador-capacho de submissão unilateral têm dificuldade de olhar para as coisas sob uma nova ótica. Eles se colocam numa posição de poder, e o poder pode ser viciante. Assim, ficam extremamente obstinados e fechados em sua visão.

Se isso descreve você ou alguém a quem você ama, talvez você queira ler o livro *Every Man's Marriage* [O casamento de todo homem]. Meu nome está no livro como coautor, mas se trata na verdade da história de Fred e Brenda Stoeker e de como eles restabeleceram seu casamento com base em sólidos princípios bíblicos. Mais importante, relata como Fred mudou completamente a visão que tinha do casamento, de sua esposa e das mulheres em geral.

Encerrarei esta seção com três versículos. O primeiro diz:

> Quem ama seu irmão permanece na luz e não leva outros a tropeçar.
>
> 1João 2.10

Um homem ou uma mulher casados vivendo na mesma casa, porém isolados, fazem um ao outro tropeçar. Em vez de se afastar para uma vida de isolamento desconectado, você deve fazer o que puder para reconstruir a ponte que leva ao coração do seu cônjuge. Se você for solteiro, avalie se você não está nessa condição por medo da vulnerabilidade. Examine seriamente tudo aquilo que pode ser uma parede mantendo-o preso a antigos padrões que não o estão levando aonde você deseja ir.

Finalmente, sem maiores comentários, encerro este capítulo com duas verdades importantes e profundamente claras das Escrituras sobre relacionamentos:

> Portanto, tenhamos como alvo a harmonia e procuremos edificar uns aos outros.
>
> Romanos 14.19

> Sejam sempre humildes e amáveis, tolerando pacientemente uns aos outros em amor.
>
> Efésios 4.2

6

A parede da ignorância cega

Minha esposa e eu gostamos de assistir a um programa que, todas as semanas, é cheio de mudanças miraculosas. Pode ser que você se surpreenda com o fato de eu não estar me referindo a nenhum programa elevado e educativo do History Channel ou do Animal Planet. Refiro-me ao *Esquadrão da Moda*, um programa que adoramos. Se você sempre pula o canal, achando que esse programa não está à altura do seu gosto, permita-me descrevê-lo para você. Um amigo ou membro da família indica para participar do programa uma pessoa que não faz ideia de como se veste mal. Se ela aceitar, uma equipe de filmagem capta o fiasco: a pessoa usando roupas esquisitas, de mau gosto, mal combinadas ou inadequadas. Quase todas essas pessoas acreditam que possuem um grande senso de estilo. Elas dizem como escolhem suas roupas e acreditam que só elas sabem o que é melhor para si mesmas.

É impressionante perceber como tais pessoas tendem a destacar, em vez de camuflar, as piores partes de seu corpo. É comum alguma participante do programa ter uma aparência razoavelmente boa, exceto por, digamos, um abdome um tanto saliente. E é claro que ela veste calças de cintura baixa e um *top* pequeno que exibe aquela barriga. Chego a gritar diante da tela: "Você tem de cobrir isso!". Mas, por alguma razão, ela acha que ter estilo ou identidade significa acentuar a área mais desproporcional de seu corpo. Por quê? Não faço ideia.

O que mais me interessa no programa é ver como essas pessoas abandonam suas antigas atitudes e começam a ver a si mesmas sob uma nova ótica. Os apresentadores da versão norte-americana,

Clinton e Stacy, mostram às pessoas o que elas estão fazendo de errado, explicam o motivo e sugerem novas formas de se vestir. Algumas reclamam e vão provar as novas roupas contrariadas, mas, quando de fato se dispõem a experimentar o senso de estilo dos apresentadores, eles terminam finalmente vendo a luz. Percebem que se acostumaram com alguns trapos velhos bem feios. Sua visão se tornara distorcida e, no processo de mudança, elas começam a tirar proveito dos pontos fortes de seu corpo e a minimizar os pontos fracos. É comum derramarem lágrimas diante dos resultados dessas transformações dramáticas, e geralmente nós choramos também. (Tudo bem, *eu* choro também.)

Ciente de que precisa de ajuda

Essa é uma metáfora poderosa para todos nós que precisamos fazer mudanças internas relacionadas ao estilo de nosso mundo interior. Usamos coisas que estão no guarda-roupa de nossa mente obsessiva há bastante tempo. Precisamos substituir esse guarda-roupa antigo por novas roupas de esperança e recuperação. Muitas vezes, porém, não percebermos essa necessidade, como acontece com as vítimas do *Esquadrão da Moda*.

Certa noite, a apresentadora Clinton fez uma profunda declaração sobre a noção de estilo de sua convidada: "Às vezes você não sabe que *precisa* de ajuda até que recebe ajuda". Vi instantaneamente que a declaração tinha uma aplicação muito mais ampla do que o enfoque das roupas. Gostaria de ter dito isso primeiro. Assim como as convidadas do *Esquadrão da Moda*, às vezes pensamos que estamos bem resolvidos. Não percebemos que precisamos de ajuda até abrirmos nossa vida para *receber* ajuda. Só então descobrimos todas as coisas horríveis que estão penduradas em nosso guarda-roupa mental. Precisamos substituir aqueles trapos mal ajustados e distorcidos por um guarda-roupa novo de esperança e recuperação.

Enquanto seguirmos na mesma rotina, não permitindo que pessoas diferentes nos digam a verdade sobre nossa vida, sem experimentarmos novas maneiras de viver ou de olhar para nós mesmos, continuaremos a perder o melhor que Deus tem para nós.

A realidade é que todos temos pontos cegos no que se refere a olhar para nós mesmos. Estranhamente, quando olhamos para as áreas problemáticas de outras pessoas, a visão parece perfeita. Posso lhe dizer como exatamente as pessoas devem criar seus filhos, apontando cada pequena falha de suas técnicas. No entanto, quando se trata da criação dos meus filhos, fico cego para aqueles mesmos problemas. Simplesmente não vejo minhas próprias falhas com clareza.

Em algum grau, todos temos pontos cegos na vida que nos impedem de perceber a verdade com clareza. Helen Keller disse certa vez que a coisa mais triste da vida é uma pessoa que tem visão, mas é cega. Ai! É comum sermos cegos para aquilo que os outros veem claramente: nossos defeitos e as áreas que precisamos trabalhar.

O tronco e o cisco

O famoso exemplo de Jesus sobre tirar o tronco do próprio olho antes de tentar tirar o cisco do olho do próximo ilustra uma forma comum de cegueira. Vi um exemplo disso no dia em que recebi uma ligação telefônica de um homem que tinha uma visão maravilhosa e perfeita quando se tratava das falhas de sua esposa, mas que era cego como um morcego quando precisava enxergar as próprias falhas.

Sua esposa lhe negava sexo, e isso era terrivelmente errado. Fazia três meses desde a última vez que tivera contato sexual com ela, e para um homem que queria sexo todo dia, aquilo era uma eternidade. Ele sabia dos seus direitos. Até mesmo pegou a Bíblia e mostrou à esposa que ela estava errada, apontando para o mandamento bíblico de que a mulher não deve privar seu marido de sexo. Por três meses ele pediu e exigiu que ela exercesse a função de esposa, mas ela se recusou totalmente.

Ele queria saber de mim quanto tempo precisava dar para a esposa antes que se sentisse justificado a pedir o divórcio e se casasse com uma mulher que fizesse sexo com ele. Ele estava disposto a desistir do relacionamento porque, afinal de contas, ao privá-lo do sexo, ela ia contra Deus.

O outro lado da cama

Fiquei pensando no que estava levando aquela mulher para o outro lado da cama. É muito raro uma mulher simplesmente acordar numa manhã e informar o marido de que para ela o sexo acabou e que ele não receberá mais nada dela. Sabia que havia algo faltando naquela história — algo que ele aparentemente não conseguia enxergar.

Pedi que ele desse um passo para trás e, da melhor maneira que pudesse, se colocasse no lugar da esposa e visualizasse a situação da perspectiva dela. Qual seria a possível razão de ela se negar a fazer sexo? Depois de algumas tentativas de se esquivar, ele finalmente revelou o conflito que havia em seu casamento relacionado ao seu problema com o álcool. O que veio à tona é que aquele homem tão exigente por sexo era um alcoólico que experimentara cinco anos de sobriedade enquanto frequentava as reuniões dos Alcoólicos Anônimos. Mas ele parou de frequentar as reuniões quando sentiu que não precisava mais do programa. Quando subsequentemente recaiu, voltou a abraçar seu direito de beber.

Sua esposa não se negava a fazer sexo enquanto ele esteve sóbrio, nem mesmo logo depois de ele começar a beber. No entanto, à medida que o alcoolismo se tornou mais problemático, ela lhe disse que as coisas não poderiam continuar do mesmo jeito e que ele deveria buscar ajuda. Quando o marido se recusou a procurar tal ajuda, ela se recusou a lhe responder os apelos sexuais até que ele ficasse sóbrio. Ele estava completamente cego para os sentimentos dela e para as razões pelas quais ela se negava a ele. Tudo o que ele conseguia ver era a passagem bíblica que diz que a mulher não deve privar seu marido de sexo.

O uso mentiroso da verdade

O texto bíblico enfatizado por aquele homem para conseguir o que desejava se encontra em 1Coríntios 7.3-5:

> O marido deve satisfazer as necessidades conjugais de sua esposa, e a esposa deve fazer o mesmo por seu marido. A esposa não tem

> autoridade sobre seu corpo, mas sim o marido. Da mesma forma, não é o o marido que tem autoridade sobre seu corpo, mas sim a esposa. Não privem um ao outro de terem relações, a menos que ambos concordem em abster-se da intimidade sexual por certo tempo, a fim de se dedicarem de modo mais pleno à oração. Depois disso, unam-se novamente, para que Satanás não os tente por causa de sua falta de domínio próprio.

Como podemos perceber ao ler essa passagem, o homem recorria a uma questão técnica. No entanto, estava cegamente ignorante em relação à finalidade do trecho. A verdade que ele precisava enxergar era que sua esposa sentia-se usada e abusada, um mero objeto para satisfazer seus desejos egoístas, enquanto ele se recusava a buscar ajuda para seu problema com a bebida e para se tornar o homem com quem ela imaginava ter se casado. Ele tentava usar a verdade de uma forma mentirosa. Usava-a para manipular a esposa, para fazê-la ceder, enquanto cegamente se afastava da responsabilidade que tinha em relação a sua própria vida. Estava cego para o fato de que era um marido falho, que não tinha o direito de exigir coisa alguma enquanto não conseguisse se recuperar.

Aprenda a enxergar a verdade real

Convidei aquele homem a abrir o coração à verdade que ele não tinha visto antes. Apresentei-lhe uma passagem das Escrituras que considerava mais relevante para a situação do que aquela à qual ele tentava se apegar. A passagem já foi analisada anteriormente:

> Maridos, ame cada um a sua esposa, como Cristo amou a igreja. Ele entregou a vida por ela, a fim de torná-la santa, purificando-a ao lavá-la com água por meio da palavra. Assim o fez para apresentá-la a si mesmo como igreja gloriosa, sem mancha, ruga ou qualquer outro defeito, mas santa e sem culpa. Da mesma forma, os maridos devem amar cada um a sua esposa, como amam o próprio corpo, pois o homem que ama sua esposa na verdade ama a si mesmo. Ninguém

odeia o próprio corpo, mas o alimenta e cuida dele, como Cristo cuida da igreja. E nós somos membros de seu corpo.

Por isso o homem deixa pai e mãe e se une à sua mulher, e os dois se tornam um só." Esse é um grande mistério, mas ilustra a união entre Cristo e a igreja. Portanto, volto a dizer: cada homem deve amar a esposa como ama a si mesmo, e a esposa deve respeitar o marido.

Efésios 5.25-33

Destaquei que não é muito fácil para uma esposa respeitar um homem que se recusa a parar de beber e ainda por cima exige sexo. Pedi a ele que abrisse a mente para enxergar sua vida como sua esposa a via. No início ela notara sinais de grande esperança, mas logo depois o viu descer em espiral rumo à bebedeira e à miséria. Em vez de ser um marido disposto a trabalhar seu problema e honrar a esposa com dignidade, ele exigia sexo de maneira arrogante e egoísta. Queria marcar um gol, mas, quando a questão era satisfazer as necessidades relacionais mais profundas da esposa, nem sequer se levantava do banco de reservas.

Disse a ele que, na maioria dos casos semelhantes, a mulher simplesmente sairia pela porta da frente ou se entregaria a um amante. Mas sua esposa não fizera nada disso. Ela permanecera com ele na esperança de que, um dia, ele a amasse a ponto de assumir o que fizera e fosse um homem que ela pudesse novamente respeitar e admirar.

Cabia a ele a decisão de tirar a venda dos olhos e buscar enxergar a verdade. Ele poderia pegar o telefone e descobrir onde existe um ponto de encontro dos AA. Poderia ligar para a esposa e dizer que chegaria em casa mais tarde porque iria à reunião a fim de colocar a vida de volta nos trilhos. Expliquei que, a meu ver, se ele tomasse essa atitude, a indisposição da esposa para ter sexo não continuaria a ser um problema. Enxergar a verdade e agir de acordo com ela derrubaria aquela parede que ele havia construído em sua cama.

Que eu não minta para mim mesmo

A passagem bíblica de Salmos 119.29 lança um apelo a Deus que todos nós deveríamos repetir. Parafraseando, o versículo basicamente diz: "Que eu não minta para mim mesmo". Todos nós fazemos isso. Mesmo quando não mentimos para nós mesmos abertamente, mantemo-nos suficientemente ocupados para evitar olhar a realidade de uma situação. É por isso que precisamos checar continuamente nossa visão, confiando na objetividade daqueles que nos conhecem. Muitas vezes, não conseguimos perceber nossos pontos cegos. Em alguns casos, não entendemos plenamente a realidade de nossa vida porque não temos ninguém disposto a nos contar a verdade a nosso respeito. Em outros, nós nos cegamos para a verdade que deveríamos ver de modo que não tenhamos de passar por mudanças desconfortáveis. Somos totalmente cegos em alguns aspectos, e a única maneira de enxergar a realidade é retirar a venda dos olhos, ou seja, é permitir que outros nos digam a verdade e deixar que a verdade da Palavra de Deus invada nossa vida.

O profeta Isaías se dirigiu ao povo de sua época na esperança de sacudi-los para que ouvissem as verdades das quais haviam se afastado. Ele censurou o povo por seu ritualismo religioso vazio, insistiu que se afastassem dos ídolos e os advertiu da iminente queda do reino caso não mudassem. Ele poderia facilmente falar o mesmo para nós hoje:

> Tragam o povo que tem olhos, mas é cego, que tem ouvidos, mas é surdo.
>
> Isaías 43.8

As pessoas daquela época, como as de hoje, estavam cegas para a realidade de sua vida, sem ver o que estava de fato acontecendo e sem ouvir aqueles que tentavam lhes abrir os olhos, desafiando seu modo de pensar. Quando estamos presos em nosso próprio mundo, vendo as coisas como queremos ver, é difícil enxergar a verdade sobre o que fazemos de errado.

Somos como o homem que levou a esposa para uma galeria de arte. Ele se considerava um especialista no assunto. Enquanto entravam pelo saguão principal, ele olhou para a pintura que havia ali e, com seu jeito arrogante, começou a criticá-la:

— Em primeiro lugar, essa moldura não é adequada para uma pintura refinada. Segundo, esse sujeito não é digno de estar registrado numa pintura. Ele não tem vida, é desmazelado e tem um olhar zangado.

Sua mulher o interrompeu:

— Querido, isso não é uma pintura. É um espelho.

É muito fácil ficarmos cegos para a realidade de nossa própria vida. Precisamos da verdade e de pessoas que nos sirvam de espelho e nos mostrem quem somos e o que precisamos fazer para seguir com nossa vida. Você continuará a bater em paredes até que abra os olhos para a verdade.

Obediência: a chave para superar a ignorância cega

Seria natural pensar que a chave para superar a ignorância cega é o conhecimento, mas não é. A chave é a obediência. Não há melhor explicação dessa verdade do que a que encontramos na Bíblia. Para conhecer a vontade de Deus, precisamos fazer mais do que ler sobre ela; precisamos fazer o que ele nos manda fazer. O texto de João 8.31-32 nos diz que, se *seguirmos* os ensinamentos de Cristo, conheceremos a verdade. Falamos da leitura bíblica como se ela fosse, em si, uma grande virtude. Mas ler a Bíblia é algo que não faz sentido se você não pôr em prática o que lê. Conhecimento *intelectual* não é conhecimento *real*. Passamos a conhecer a verdade somente quando agimos de acordo com ela. Só então a verdade se torna parte de nós e nos liberta.

Lemos a verdade e a incorporamos em nossa vida. Correspondemos à verdade quando fazemos a coisa certa. Agir de acordo com a verdade remove as paredes em que nos chocamos, porque a verdade nos leva para longe delas, em direção às amplas paisagens da realidade. Toda verdade é de Deus, e a verdade nos molda para que nossa vida seja conforme ele projetou. Porque nos ama, Deus nos criou para produzirmos a vida mais satisfatória, alegre, amorosa e harmoniosa possível. Viva sua vida de outra maneira e você continuará a bater em paredes, cego a respeito do que coloca essas paredes em seu caminho e de como deixá-las para trás. Como Jesus disse: "Então conhecerão a verdade, e a verdade os libertará" (Jo 8.32).

Aja de acordo com a verdade que você vê

Não conheço ninguém que veja a verdade mais claramente do que meu amigo Brad, que é policial na cidade de Newport Beach. Brad é um dos grandes homens a caminhar sobre a face da terra. Ele vive a vida cristã como poucas pessoas que conheço. Um marido amoroso e um pai que toma excelentes decisões, Brad levou sua família de um pequeno apartamento para uma casa linda e espaçosa — tudo com o salário de um policial. Se você conhecesse Brad, tenho certeza de que o respeitaria como eu o respeito. Anos atrás, comprei para ele o revólver que carrega. Ele deu-lhe o nome de Steve. Então, criminosos, é melhor terem cuidado com Brad e Steve.

Uma das razões de Brad sair-se tão bem em sua vida particular é que seu modo de agir no trabalho determina suas ações no lar. Ele toma boas decisões porque é capaz de ver a verdade no contexto geral. Se Brad quisesse ter um turno tranquilo enquanto patrulha, tudo o que teria de fazer seria permanecer em um lugar, não olhar em volta, não notar o que as pessoas estão fazendo, beber café e, então, bater o cartão de ponto no final do turno. Se trabalhasse dessa maneira, nunca se envolveria num conflito nem teria de se incomodar em preencher uma enorme papelada por ter feito uma prisão ou aplicado uma multa. Sua vida seria fácil. Mas não seria obediente à verdade.

Muitos de nós passamos a vida em busca do caminho mais fácil. Olhamos para o outro lado. Não nos envolvemos. Não nos damos o trabalho de ver as coisas difíceis que precisamos ver. E isso costuma levar a tragédias reais e a vidas arruinadas.

Entre as histórias mais tristes que já ouvi estão aquelas contadas por filhas que sofreram abuso de seus pais. O fato em si é suficientemente triste, mas, quando as histórias envolvem mães que sabiam o que acontecia e fingiam não ver, a tristeza é imensa. Uma mulher disse que fechou os olhos e não fez nada porque isso tirava dela a pressão de ser esposa. Se tivesse agido de acordo com a verdade que conhecia, teria se sentido compelida a fazer o que não queria fazer. Em vez disso, reteve sua cegueira deliberada e sacrificou a filha para seu próprio alívio.

Pare de olhar para baixo

Se você estiver envolvido em algo que sabe que não é certo e decidir fazer vista grossa, não estará sendo obediente à verdade. Você precisa começar a pensar como Brad. Sua tarefa como adulto é olhar em volta, estar consciente, enxergar. O que dizer daquelas áreas em sua vida que você negligenciou por se recusar a olhar para elas? Sua cegueira deliberada tornou-se uma parede, e, se você deseja caminhar rumo à liberdade, essas áreas problemáticas não devem mais ser desprezadas. Você tem um trabalho a fazer por si mesmo, por sua família e por seus amigos. Você precisa parar de olhar para baixo e dar uma boa olhada naquelas verdades que não deseja ver.

Sua área problemática pode ser a financeira, pode estar ligada à saúde, pode envolver seus filhos ou seu cônjuge ou a pessoa que você namora. Você deve tornar-se o policial de sua vida, e isso significa parar de fechar os olhos para os seus problemas. Você precisa começar a olhar, ouvir e perceber tudo, especialmente as coisas ruins que podem se acumular e se transformar numa parede.

Enxergue a verdade por baixo da superfície

Uma coisa que Brad não pode fazer como policial é avaliar tudo e todos pelo que vê. Uma vez que lida sobretudo com pessoas que criam problemas, ele tem de presumir que as pessoas que ele aborda estão motivadas a esconder uma grande parte da realidade.

Ao parar um motorista que dirigia em ziguezague e perguntar se ele consumiu bebida alcoólica, sua vida seria muito mais fácil se ele sempre aceitasse o que o motorista dissesse. Se o motorista insistisse que tomou apenas uma pequena taça de vinho durante o jantar, Brad poderia simplesmente acatar a resposta e dizer: "Tudo bem; nesse caso, você pode ir. Tenha um bom dia. Perdoe-me por incomodá-lo". Mas essa resposta fácil não salvará vidas nem tirará motoristas bêbados das ruas. Assim, Brad ouve o que a pessoa diz, mas presume que essa talvez não seja a realidade completa. O motorista pode ter tomado apenas umas duas taças de vinho. Mas há uma boa chance, com base em sua direção errática, de que as duas taças de vinho tenham sido tomadas por cima de seis latas de cerveja ou de uma grande quantidade de outras bebidas. Desse modo, Brad se dá o trabalho de verificar se a declaração do motorista procede. Talvez ele não esteja bêbado. Pode ter sido apenas uma distração momentânea. Para certificar-se da verdade, Brad observa o padrão de fala do motorista, vê se há gaguejos e inconsistências e, por fim, exige que ele prove estar suficientemente sóbrio para dirigir fazendo alguns testes comuns. A consciência de Brad o leva à ação, e a ação leva a um mundo mais seguro. Ele procura descobrir a verdade e, então, age em obediência à verdade.

Todos nós precisamos ser mais semelhantes a Brad. Precisamos ter consciência do que acontece ao nosso redor. Temos de procurar não apenas na superfície, que pode não revelar a verdade real, mas devemos dar o passo doloroso de sondar abaixo da superfície até descobrirmos os problemas que bloqueiam nossa vida. A mente obediente é capaz de ver porque quer ver, e ela prospera quando está consciente. A mente obediente busca ver a realidade e intervém onde for apropriado. A ação responsável em favor de si mesmo, da família e dos amigos substitui a cegueira irresponsável e deliberada. A concentração aumenta. O foco é aguçado, e a essência dos pensamentos e dos sentimentos muda. A partir dessa nova mentalidade, surge uma maneira completamente nova de viver — uma maneira obediente à verdade. Isso não acontece fácil ou rapidamente, mas em algum ponto as pessoas obedientes à verdade acordarão e perceberão que assumiram o controle da sua vida. Elas passarão a enxergar o mundo através da lente da verdade e a agir de acordo com ela de forma responsável. Quando isso acontece, as paredes desabam.

Resumo de nossas paredes comuns

Para se beneficiar do restante deste livro, você precisará sacrificar alguma bagagem que talvez lhe seja cara. Você precisará:

- Livrar-se da resistência teimosa.
- Abandonar o merecimento arrogante.
- Deixar de lado seus ressentimentos justificáveis.
- Sair de seu isolamento desconectado.
- Recusar-se a viver em ignorância cega.

No lugar dessas coisas, você precisará reunir:

- Disposição de mudar.
- Humildade.
- Perdão.
- Intimidade.
- Obediência.

Encha sua alma com essas coisas; elas poderão ajudá-lo a repensar os aspectos mais difíceis de sua vida. Disponha-se a tentar uma nova maneira de viver. Humilhe-se perante os outros de modo que você possa conviver no mesmo nível que eles. Inicie o processo de perdão tentando entender os traumas na vida daqueles que o machucaram. Estabeleça uma conexão com aqueles que você ama e passe a experimentar uma intimidade mais profunda nos relacionamentos.

Faça isso e descobrirá que terá se livrado de um grande fardo. Aquilo que você terá em troca não é de forma nenhuma um peso. Você seguirá pelo caminho de Jesus e, quando se tornar obediente a ele, aprenderá o que ele quis dizer quando afirmou: "Meu jugo é fácil de carregar, e o fardo que lhes dou é leve" (Mt 11.30).

É como trocar chumbo por hélio. Em vez de carregar uma carga dolorosa e pesada que deixa você preso à terra, atrás de paredes, você pode agora voar sobre elas.

7

Como se soltar

Praticamente todo dia deparo com um novo estudo nos principais jornais e revistas confirmando que o estado da mente e do coração tem muito a ver com a saúde. Pessoas irritadas têm ataque cardíaco. Pessoas deprimidas têm baixa imunidade. Pessoas ansiosas inundam o corpo de glicocorticoides, o que as desgasta em razão do estresse. Em todos os meus anos de leitura e pesquisa, nunca encontrei nenhuma sugestão de que nossa saúde melhorará grandemente se guardarmos rancores, vivermos nossa vida cheios de medos ou desabarmos esperando o próximo revés. Nenhuma dessas ações é boa para nós e, se nos apegarmos a elas, elas nos manterão atrás de paredes e destruirão nosso bem-estar.

Quando nos vemos presos atrás das paredes que construímos, soltar-se não é tão simples quanto gostaríamos. A concentração no negativo nos desgasta e deteriora nossa saúde. Faz que fiquemos retraídos, isolados e, assim, nos tornamos inativos. A inércia resultante leva a sentimentos mais sombrios e a obsessões da mente. Preocupação e reclamações físicas predominam em nosso pensamento e fazem adoecer nosso corpo. Não estamos apenas presos; esgotamos a própria fonte de recursos necessários para ficar livres.

Os médicos nem sempre ajudam. Eles nos dizem que as coisas devem mudar, nos colocam sob uma dieta que odiamos e que não conseguimos seguir ou nos instruem a fazer exercícios que não temos vontade de praticar. O fato é que, se estivermos presos emocionalmente, não somos capazes de mudar de maneira tão radical, ainda que queiramos.

Os benefícios de viver no passado

Uma das razões por que é difícil mudar é que realmente descobrimos certos benefícios em viver presos ao passado. É difícil abrir mão desses benefícios. Um deles é que não precisamos participar plenamente da vida porque vemos a nós mesmos como produtos danificados. Outro benefício é que, ao nos concentrar no passado, justificamos o ato de não assumir os riscos envolvidos em novos relacionamentos — relacionamentos que podem não sair tão bem e terminar em dor.

É provável que o benefício mais comum de se permanecer preso ao passado é que as feridas experimentadas muito tempo atrás se tornam a desculpa para tudo o que é feito em excesso — beber demais, gastar muito ou fazer qualquer coisa em demasia. Todo nosso excesso de indulgência no presente é apenas um resultado daquela coisa triste do passado. Vemos nossa vida permanentemente manchada pelo evento, o que traz o benefício de nos livrar da responsabilidade por nosso comportamento disfuncional.

Mude seus pensamentos, mude sua vida

Quando estivermos dispostos a mudar nosso modo de pensar, seremos capazes de ver que nossas paredes não são criadas de fato pelo trauma do passado, mas por nossa reação a ele. Nosso problema é aquilo que fizemos *a nós mesmos* como resposta ao trauma original. Mais do que imaginamos, é nossa maneira de pensar sobre os eventos do passado que nos mantém doentes, infelizes e presos atrás das paredes. Assim, não é preciso ser um gênio para concluir que, se quisermos nos soltar e deixar essas paredes para trás, precisaremos mudar a forma de pensar sobre o passado. Ainda que nossa visão não seja totalmente imprecisa, ela costuma ser distorcida, de modo que aumenta seu impacto sobre nós e adquire importância muito além do que merece.

A mudança de pensamento exige que vejamos a pintura através de uma nova moldura. Tal como o diretor de cinema que forma um pequeno retângulo com as mãos através do qual ele vê uma tomada da câmera, precisamos formar uma moldura precisa através da qual possamos ver o passado e entender a imagem real dele. Colocar uma nova moldura no passado não o mudará, mas poderá mudar nossa visão dos eventos que nos traumatizaram. Essa mudança pode nos soltar e nos levar ao início de um caminho novo e mais brilhante. O conhecimento do nosso passado ainda estará presente, mas seu impacto negativo será eliminado.

Enxergar o passado através de uma nova moldura envolve tanto olhar para si mesmo como para as pessoas que feriram você, vendo tudo de uma perspectiva mais precisa. Vamos começar com você.

As pessoas que deixam circunstâncias, grandes golpes, traumas ou decepções construírem paredes em sua vida costumam desenvolver uma visão inferior e derrotista de si mesmas. Tais visões são sempre imprecisas e podem se tornar desculpas que as impedem de tentar se sair melhor. Em praticamente todos os casos desse tipo de pensamento, o ato de mudar a moldura pode tanto produzir uma imagem mais precisa da verdade como remover a parede que o tem impedido de seguir adiante.

Como Jesus corrigiu a perspectiva das pessoas

Jesus, a figura central do cristianismo, em vários momentos removeu paredes ao colocar uma perspectiva verdadeira sobre a realidade da vida das pessoas. Quando acharam que a pequena oferta de uma viúva não tinha importância porque não possuía valor monetário, Jesus os levou a ver a oferta em termos de sacrifício, o que a transformou em um dos maiores presentes já oferecidos em honra a Deus. Quando os homens estavam prontos para apedrejar uma mulher flagrada em adultério, Jesus os forçou a ver a mulher à luz de seus próprios pecados e de suas indiscrições. Quando mostrou a eles que a realidade dela era também a realidade *deles*, todos soltaram a pedra que carregavam.

O Sermão do Monte é um guia para ver a vida de uma perspectiva verdadeira. Ele nos convida a ver as pessoas e os eventos sob uma ótica diferente. Afirma que os desamparados muitas vezes são os mais importantes. Os sofredores receberão atenção especial, em vez de serem tratados como proscritos. Numa das declarações mais radicais de todos os tempos, Jesus ensinou que "muitos primeiros serão os últimos" (Mt 19.30). Ele deixava implícito que muitos líderes religiosos que desfrutam grande honra neste mundo não receberão honra nenhuma no céu. Não é surpresa que tenham crucificado Jesus! Ele produziu uma mudança radical de pensamento que virou o mundo de cabeça para baixo. Ora, dois mil anos depois, milhões veem o mundo e a si mesmos através da moldura corretiva de seus ensinamentos.

Veja a si mesmo de uma nova perspectiva

Vamos analisar rapidamente como você pode começar a ter uma perspectiva mais verdadeira sobre sua vida. Quando você está preso atrás de paredes, você se apega a pensamentos e sentimentos que distorcem sua perspectiva e prejudicam sua saúde. Eventos do passado o mantém preso ao pensamento de que seus problemas são todos causados pelas ações de outros, quando talvez sejam causados por reações suas que não são totalmente baseadas na verdade. Uma mudança radical em sua perspectiva pode capacitá-lo a ver o passado de forma mais precisa e a entender a verdade de modo que você fique livre da parede. Veja a seguir alguns exemplos de pensamento impreciso seguido por uma perspectiva mais acurada:

- *Tenho um conjunto de genes ruins e, portanto, sempre ficarei doente, assim como meus pais ficaram.* Sejam quais forem os genes que me foram passados, posso fazer diferença em minha saúde por meio da minha atitude. Posso comer melhor do que meus pais me ensinaram a comer. Posso fazer exercícios com moderação. Posso encontrar maneiras de lidar com o estresse que não sejam preocupar-me, beber demais, comer em excesso, irritar-me ou quaisquer outras coisas que os vi fazer.

- *Sempre fui um pouco depressivo em todos os estágios da minha vida.* A razão pela qual sou depressivo é que sempre olho para o lado sombrio das coisas. Posso começar a olhar para o lado mais brilhante. Tenho vivido desconectado dos outros e impedido a mim mesmo de experimentar a alegria dos relacionamentos. Posso me juntar a grupos onde serei cuidado e amado. Se precisar de medicação, posso me motivar a tomá-la. Se precisar parar de beber, posso fazê-lo. Posso mudar a maneira como vejo minha vida e a vida dos outros. Posso fazer a diferença no modo como me sinto e no nível de saúde em que me encontro.
- *Minha solidão é o que me mantém preso à cama por tanto tempo.* Sou solitário porque tenho esperado que as pessoas mostrem que se importam comigo, embora eu não tenha mostrado que me importo com elas. Posso reverter isso. Posso sair da cama e ir ver alguém. Posso fazer uma visita a uma pessoa que está em pior estado que eu e posso melhorar o meu humor ao melhorar o dela. Em vez de esperar que alguém venha até mim, posso ir até outras pessoas. Ainda que eu não consiga sair da cama, posso pegar o telefone e ligar. Posso pegar uma caneta e escrever uma carta que pode mudar o dia ou a semana de outra pessoa. E, se eu não conseguir realizar o que pretendo, posso pedir apoio de alguém que me ajude a fazer o que não posso fazer sozinho. Não preciso continuar assim.

Essas mudanças de perspectiva não resolvem tudo, mas levam ao passo seguinte da resolução, que abordaremos no próximo capítulo. São o início, não o fim. Elas o capacitam a se soltar, e você não conseguirá ir além da sua parede se não der esse primeiro passo.

Veja aqueles que o feriram de uma nova perspectiva

Quando se trata de desenvolver uma perspectiva mais verdadeira em relação àqueles que o feriram no passado, pode ser útil colocar a si mesmo na posição de pessoas que sofreram abuso sexual.

O que aconteceu a você talvez tenha sido algo completamente diferente. Mas, se quiser iniciar o processo de cura, você precisará, assim como as vítimas de abuso sexual, passar pelo doloroso processo de ver a pessoa que o prejudicou sob uma luz diferente. Isso será doloroso, mas o levará à liberdade.

O primeiro passo é dispor-se a abandonar a velha moldura pela qual você vê aquela pessoa. Aqui estão alguns componentes que você pode ter usado para criar aquela moldura:

- A pessoa que me feriu é completamente má.
- Ela não sente nenhum arrependimento.
- Ela está longe de qualquer redenção.
- Ela não merece nada de bom.
- Ela não tem nada de valor a oferecer a este mundo.
- Ela é incorrigível.
- Ela precisa me pedir desculpas antes que eu possa seguir adiante.
- Ela é a responsável por minha desgraça.

Você pode manter essa moldura firmemente no lugar, mas posso lhe garantir que, por mais horrível que essa pessoa tenha sido para você, essa imagem de que ela é totalmente maligna e está longe de qualquer redenção é certamente imprecisa em todos os aspectos. Se você mantiver essa visão distorcida, permanecerá preso atrás da parede. Se quiser tocar sua vida para frente, precisa dispor-se a olhar para aquela pessoa e para suas ações de outras maneiras.

Eu mesmo tive de fazer isso. Sofri a pior das traições. A infidelidade e a traição atrasaram todas as áreas da minha vida. Parecia haver pouco ou nenhum remorso da parte da mulher que fizera aquilo. Eu de fato queria que ela morresse. Soube que estava fazendo progresso quando eu queria apenas que ela sofresse de alguma doença crônica. Mas então algo começou a acontecer.

Num primeiro momento, entendi que o simples fato de eu não ter cometido uma traição não fazia de mim alguém moralmente superior. Eu também era pecador. Sofrer traição não me colocava em um pedestal sobre o qual eu tinha o direito de apontar o dedo pelo resto da vida. Eu precisava descer daquele pedestal, e quando o fiz as coisas começaram a mudar. Deixei de querer o pior para aquela mulher e passei realmente a não me importar com o que acontecia a ela. Então, dentro de alguns anos, eu havia chegado ao ponto em que podia dizer que de fato lhe desejava coisas boas. Assim, tive de passar pelo processo de abdicar de minha visão e atitude anteriores em relação a ela, de modo que pudesse deixar para trás o foco da traição que havia sofrido.

Isso é o que precisamos fazer; agora, vamos analisar como chegar lá. Mostrarei passo a passo como desenvolver uma perspectiva completamente nova em relação àqueles que o feriram no passado.

O primeiro passo rumo a uma nova perspectiva

O primeiro passo para obter uma perspectiva mais verdadeira do passado é desenvolver uma postura de humildade. Tal como eu, você talvez tenha subido naquele pedestal de moralidade e considerado que tinha o direito de apontar o dedo. Mas, como Paulo nos diz, essa ideia está longe da realidade: "Pois todos pecaram e não alcançam o padrão da glória de Deus" (Rm 3.23).

Todos nós pisamos na bola e somos companheiros nessa batalha. Quando reconhecemos esse fato, livramo-nos de nosso direito de culpar e constranger. Tiramos o foco do mal cometido a nós e colocamos mais ênfase na realidade de nossas próprias lutas como seres humanos falíveis. Percebemos que teríamos cometido erros ainda que ninguém nos tivesse ferido. Mesmo sem essa ferida particular que se tornou uma parede para nós, a vida ainda não teria sido um mar de rosas porque, de um jeito ou de outro, teríamos pecado e cometido enganos. As pessoas nos teriam ferido de maneiras diferentes. Em outras palavras, todo problema e toda dor em nossa vida não podem ser atribuídos a uma pessoa que nos negligenciou e feriu, que cometeu abuso contra nós. Isso acontece a todos, o tempo todo. Ser ferido não nos torna únicos. Devemos humildemente ver a nós mesmos como realmente somos. Não somos moralmente superiores àquele que nos feriu.

O segundo passo rumo a uma nova perspectiva

O segundo passo que devemos dar para alcançar uma perspectiva mais verdadeira baseia-se num conceito que se encontra em Gálatas 5.16. Somos instruídos nesse versículo a fazer exatamente o oposto daquilo que achamos ser o mais normal: "Por isso digo: deixem que o Espírito guie sua vida. Assim, não satisfarão os anseios de sua natureza humana".

Aqueles que foram feridos tendem a desejar vingança. Nossa carne e nossos instintos nos dizem que devemos buscar o revide. Se fôssemos controlados apenas pela emoção e pelo instinto, tomaríamos medidas para satisfazer nosso anseio por vingança.

Não precisamos viver como escravos de nossas emoções e instintos, porque podemos nos valer de um poder maior que pode controlar esses impulsos problemáticos. Se quisermos viver uma vida de paz, é importante que encontremos esse poder e o acessemos. Se quisermos nos soltar e deixar para trás as nossas paredes, devemos chegar até o ponto de tratarmos as pessoas melhor do que nosso agressor nos tratou. O poder do Espírito Santo nos possibilita fazer isso.

Embora ninguém compreenda de fato a natureza trinitária de Deus, seu Espírito Santo é a Pessoa relacional. O Espírito Santo nos capacita a fazer aquilo que nenhuma pessoa poderia fazer sem intervenção sobrenatural. Podemos viver acima das emoções e dos instintos mais básicos que compõem nosso ego complexo.

Depender do poder do Espírito Santo significa que, em vez de reagir emocionalmente a qualquer coisa feita a mim, posso manter minha compostura. Posso deixar o tempo passar e, então, reagir de maneira mais amorosa. O Espírito Santo me capacita a abandonar coisas às quais outros se apegariam.

Quando incorporo a humildade a uma vida no poder do Espírito Santo, um grande pedaço de concreto resistente começa a se romper naquela parede que construí para me proteger. Não preciso de paredes porque estou caminhando em poder sobrenatural com humildade. Não me concentro tanto no mal que me foi causado. Em vez disso, começo a olhar para frente. Começo a ver a pessoa que me feriu como alguém que precisa do que eu tenho e posso começar a orar pedindo sua cura.

Quando faço isso, substituo o desejo humano de vingança por uma mentalidade espiritual que não precisa de vingança. Da próxima vez que você for tentado a irar-se, lembre-se de que você tem um poder dentro de si que pode vencer qualquer coisa.

O terceiro passo rumo a uma nova perspectiva

O terceiro passo para alcançar uma perspectiva mais verdadeira do passado é reconhecer que a pessoa que feriu você foi criada num mundo decaído e provavelmente tenha sido abandonada, ferida ou sofrido abuso, o que a fez tornar-se igualmente uma agressora. Reconhecer isso é simplesmente ter consciência da realidade de que toda vida na terra é imperfeita.

Você vive uma vida assim, e a vive de maneira imperfeita. Assim como qualquer outra pessoa, você fez coisas dolorosas a outros. Você faz parte da humanidade decaída. Compartilha de um elo de imperfeição que vem do dom concedido por Deus, o livre-arbítrio. Esse dom liberou você para tomar as próprias decisões e definir prioridades. Por meio do exercício do livre-arbítrio, você, como todos nós, faz escolhas ruins e fere outras pessoas. E, como a maioria de nós, você foi ferido pelas escolhas ruins de outros.

Essa compreensão é um passo muito importante para desenvolver a perspectiva que você precisa ter. Quando sofremos abusos ou quando pecam contra nós, queremos ver a nós mesmos como plenamente bons e a pessoa que nos feriu como plenamente ruim. Ver a outra pessoa dessa maneira parece nos ajudar a sobreviver à ferida. Mas a mudança em nossa perspectiva nos leva a enxergar a verdade: a outra pessoa não é completamente ruim, e nós não somos completamente bons. Essa perspectiva verdadeira nos capacita a seguir em frente e a parar de sermos vítimas repetidas vezes em consequência de nosso foco estar sobre uma pessoa que já não faz parte de nossa vida ou sobre um evento que não podemos mudar.

Tanto você como a pessoa que o feriu cometem erros gerados por seu próprio livre-arbítrio. Mas é possível que a pessoa que o maltratou não tenha tido muito apoio para tomar decisões sadias. Neste mundo caído, existe todo tipo de influência para nos tirar do rumo: a pressão dos amigos, a mídia, uma criação ruim, sem mencionar um Satanás bastante real e vivo.

Todas essas influências fizeram que você fosse ferido. Se olhar para sua ferida no contexto de um mundo saturado do mal e considerar seu agressor alguém que sucumbiu a essas influências, você poderá ser levado a desenvolver uma perspectiva correta da pessoa e do evento que bloqueou sua vida. Essa nova perspectiva o conduzirá no caminho da resolução do seu passado e da superação da sua parede.

O quarto passo rumo a uma nova perspectiva

O quarto passo para alcançar uma perspectiva mais verdadeira é desenvolver uma mentalidade que lhe dê uma nova maneira de ver o passado e aqueles que o feriram. Além disso, ela permitirá que você se conecte com as pessoas do presente que continuam a infligir dor e a gerar problemas em sua vida. Trata-se simplesmente de ter um espírito perdoador.

Esse espírito perdoador é uma maneira de lidar com a vida como um todo. Não se deve confundir isso com o verdadeiro ato do perdão; trata-se, na verdade, de uma maneira de viver com muito menos conflito e confusão emocional. Se você já viu alguém surtando no trânsito, sabe como é não ter esse espírito. Uma pessoa que desce do carro para confrontar alguém pela maneira horrível como dirige é uma pessoa cheia de ira que vive à beira de processar qualquer um. Essa é uma vida bastante dura — tanto para a pessoa que a vive como para as vítimas de sua raiva.

Uma mentalidade perdoadora o capacita a não se deixar consumir por esse caldeirão fervente de ira ácida. Você já espera que as pessoas venham insultá-lo. Sabe que, em determinado dia, terá de perdoar muitas ofensas, afrontas e feridas não intencionais. Nesse modo de viver cheio de graça, você cria o hábito diário de ignorar os erros pessoais dos outros e faz um esforço para entender todas as coisas boas que lhe acontecem como um presente.

Você diz a si mesmo: "Posso superar isso", "Vou deixar isso para lá", "Posso simplesmente dar as costas e esquecer isso". Você desenvolve uma atitude de perdão e graça que torna a vida mais fácil. Melhor ainda, facilita que você viva bem consigo mesmo.

Esse espírito de perdão permite que você pare de tornar pessoal tudo de desagradável que acontece em sua vida e compreenda as pessoas por trás dos eventos dolorosos. O atendimento ruim de um restaurante não tem nada a ver com você, e sim com a situação difícil que aquele garçom está vivendo em casa. O sujeito que lhe dá uma fechada no trânsito pode estar atrasado para o trabalho pela última vez antes de ser demitido. Seu péssimo modo no trânsito pode não ter nada a ver com o desejo de se mostrar sem educação ou de jogar você no acostamento. Ainda que seu jeito agressivo seja deliberado por achar-se superior aos outros na estrada, ele ainda é objeto de pena, pelo fato de sucumbir a influências que o tenham levado a essa ilusão infeliz.

Ao adotar esse espírito de perdão, você estará predisposto a ver as feridas mais profundas da vida de uma maneira menos pessoal quando elas surgirem ou enquanto perdurarem. Você passa a entender que sofreu agressão porque estava perto da pessoa, não porque era um alvo fácil pedindo para ser agredido ou porque era um alvo desde que nasceu.

Essa mentalidade lhe oferece uma atitude remodelada que passa a reconfigurar sua vida. Você se torna mais perdoador, torna as coisas menos pessoais e se concentra mais nos outros.

Reunindo tudo

Desenvolver uma nova perspectiva que liberta você do passado é uma combinação de humildade, consciência, foco espiritual e graça. Esses quatro componentes fornecem uma lente corretiva por meio da qual você consegue ver qualquer coisa do passado ou do presente. Eles podem ajudá-lo a ultrapassar suas paredes e a seguir em frente rumo a um futuro brilhante.

Com *humildade*, você resiste à tentação de ver a si mesmo como melhor que outra pessoa. Jesus viveu em humildade. Para caminhar como ele, você às vezes precisará dar um passo para trás e permitir que outra pessoa caminhe à sua frente. Sua preocupação será menos consigo mesmo e mais direcionada aos outros.

Com *consciência*, você percebe que estamos todos juntos neste mundo decaído e encontrará maneiras de entender e se conectar, em vez de assumir uma postura moral superior. Você aceita as imperfeições da vida em vez de se apegar a uma ideia de perfeição que nem você nem qualquer outra pessoa serão capazes de alcançar. Você entende suas próprias imperfeições, assim como as dos outros.

Com humildade e consciência, você tem um novo *foco espiritual*. Você vive no reino espiritual, fazendo uso de uma perspectiva espiritual que o conecta com outros que são atraídos a você.

O foco espiritual lhe dá um espírito de perdão e um novo apreço pela *graça*. Você entende que Deus lhe dá graça e o ama apesar das suas imperfeições. Em gratidão por essa dádiva, você alegremente estende essa graça aos outros, sobretudo àqueles que o feriram.

Com essa mentalidade, você é capaz de se livrar da ferida do passado que o colocou atrás de uma parede. Agora, está pronto para seguir adiante, rumo à resolução de seus problemas por meio da graça.

Quando der esses quatro passos, você se verá numa posição onde pode entender até o abuso mais vil de uma perspectiva totalmente diferente e mais precisa. Desse ponto privilegiado, você se torna aberto a resolver qualquer coisa que o mantém preso e se dispõe a deixar isso para trás. Se você tem se mantido anos preso a ressentimentos, mágoas ou amargura, essa nova perspectiva permite que você se livre desses pedaços de plutônio contaminado e viva uma vida sadia e livre da dor do passado. Você pode seguir em direção ao futuro e viver os propósitos que Deus deseja que você realize.

8

Siga em direção ao futuro

Uma perspectiva nova e mais precisa das feridas do passado não é um fim em si mesmo. Ela simplesmente liberta as pessoas de seu passado, de modo que possam tomar a iniciativa restauradora de resolver as dificuldades que bloqueiam seu futuro. O passo da resolução é difícil e costuma levar tempo, mas é onde a verdadeira cura acontece.

Não acredito em remendos nem em soluções instantâneas. Eles não produzem nada além de falsas esperanças e resultados temporários. Fazem que você se sinta um pouco melhor por certo tempo, mas logo o jogam de volta ao lugar onde estava antes. É como entrar num elevador quebrado. Você aperta um botão para chegar ao próximo andar. A campainha e as luzes o levam a pensar que está subindo, mas, quando a porta se abre, você descobre que continua no mesmo andar. Se você quiser viver acima do nível em que está agora, precisa estar preparado para fazer o trabalho exigido para chegar lá. Posso lhe garantir que fazer o trabalho duro de resolver suas questões é muito mais fácil do que lidar com as consequências de deixar de resolvê-las.

Às vezes o maior culpado por sabotar nossas tentativas de resolver nosso problema é a síndrome do "Tudo o que tenho de fazer é". É natural procurar a saída mais fácil. Muitas pessoas que comem em excesso permanecem com sobrepeso por causa desse tipo de pensamento: "Tudo o que tenho de fazer é comer uma salada no almoço", "Tudo o que tenho de fazer é não tomar café da manhã", "Tudo o que tenho de fazer é comer mais devagar". Essas são mentiras simplistas que não conseguem resolver uma condição bastante complexa. Quando abandonamos soluções simples e nos dispomos a fazer o que é necessário, a mudança verdadeira ocorre.

Uma vez que a perda de peso é uma enorme barreira na vida de tantas pessoas, vamos nos ater a esse exemplo por alguns instantes. Quando trabalho com pessoas que querem perder peso, frequentemente as vejo recorrer à solução rápida da cirurgia, pensando que isso é *tudo o que têm de fazer* para diminuir e manter o peso. Mas é apenas uma questão de tempo até que elas estejam acima do peso de novo. Isso porque as pessoas estão buscando uma solução que não exige responsabilidade pessoal — uma solução que já está feita por elas e que as exime do exercício da vontade e da disciplina para alcançar os resultados.

Ao recorrer à cirurgia, as pessoas só serão bem-sucedidas se estiverem dispostas a fazer, após a cirurgia, o que for necessário para se tornarem novas pessoas. A cirurgia pode reduzir o peso, mas não mantém o peso baixo. A não ser que promovam uma mudança no estilo de vida, elas começarão a acumular gordura e se verão novamente onde estavam antes. Manter o peso baixo depois da cirurgia depende cem por cento daquilo que elas fazem. Quando as pessoas estão dispostas e são capazes de se disciplinar, existe uma boa chance de que a cirurgia irá beneficiá-las. Mas, se estão determinadas a fazer essas mudanças com regularidade, então há de fato pouca necessidade de fazer a cirurgia. O ponto é: o peso diminui quando há disposição de fazer o que for necessário.

Esse princípio se aplica a todos os nossos problemas. Nós os resolvemos quando desenvolvemos a vontade de fazer o que for preciso. E o que é preciso é ter disposição de colocar uma nova moldura no passado — isto é, mudar a maneira de olhar para as experiências do passado que permitimos se tornarem paredes. Quer seja o peso de nosso corpo, quer seja o peso da dor provocada por traumas ou abusos do passado, só venceremos essas paredes e seguiremos na direção da resolução quando nos dispusermos a realizar *o que for necessário* para que isso aconteça.

A resolução é o trabalho que se segue à reformulação. É o próximo passo depois de termos sido soltos: é a recuperação da nossa vida.

O *upgrade* definitivo

Certa vez, participei com a classe de minha filha de uma viagem à Europa onde o coral dela estava competindo. Meu pior pesadelo é ficar comprimido em um pequeno assento da classe econômica durante um voo de doze horas por cima do oceano. Sinto náusea só de pensar. Mas, com toda a coragem que pude reunir, embarquei no avião e tomei meu lugar num pequeno assento que me levou a sentir muito dó das sardinhas. Depois de horas me contorcendo, girando e virando, foi com grande alívio que saí do avião em Londres.

No dia de nossa volta para casa, retornamos ao aeroporto, passamos por todas as revistas e verificações de segurança e por fim sentamos na sala de embarque à espera do horário do voo. Em meio ao ruído de crianças tagarelando, ouvi meu nome sendo chamado. Fui até o balcão e ali me deram um novo cartão de embarque com um assento na primeira classe. Meu primeiro pensamento foi que alguém tinha enviado para a companhia aérea um filme contendo minhas caretas e reclamações durante todo o percurso de ida e, então, teriam ficado comovidos. Seria um *upgrade* de misericórdia. Mas não foi o caso. Eles simplesmente tinham pessoas demais na classe econômica e usaram a ordem alfabética para determinar quem receberia o *upgrade*. Existem grandes vantagens em ter um nome iniciado pela letra A. Você não pode imaginar minha alegria ao receber aquele *upgrade*.

Na primeira classe da companhia aérea Virgin Atlantic eles fazem massagem, servem um fino cardápio e têm assentos totalmente reclináveis, que se convertem em camas para você dormir. Aquilo era o máximo do luxo e transformou minha viagem para casa numa experiência realmente fantástica. É isso o que um *upgrade* pode fazer.

E se você descobrisse que pode obter um *upgrade* na sua vida? A boa notícia é que você pode! E a notícia ainda melhor é que você não precisa esperar que alguém faça isso por você. Você pode fazer um *upgrade* em sua vida deixando para trás o sofrimento e o desespero.

Você pode promover um *upgrade* na emoção da vergonha ao substituí-la por aceitação e esperança. Pode fazer um *upgrade* da ira para a compreensão, perdão, amor e paciência. Pode fazer um *upgrade* do medo para a paz confiante. Pode fazer um *upgrade* de qualquer emoção e viver com um novo estado de mente se estiver disposto a realizar o trabalho para obter essa melhoria. Não vou afirmar que é um trabalho fácil, mas posso lhe garantir que sempre vale a pena.

Faça o *upgrade* do ressentimento para o amor

No primeiro capítulo deste livro, mencionei rapidamente um homem que decidiu fazer um *upgrade* em sua vida. Com sua permissão, repetirei aquela história aqui com o objetivo de destacar outro aspecto. Uma mãe bastante doente abandonou tragicamente esse homem quando ele ainda era criança. Conforme crescia, ele se sentiu no direito de agarrar-se aos sentimentos de ira, amargura e tristeza que aquele abandono havia produzido. Ele aprendera a sobreviver e tentou convencer a si mesmo de que estava se saindo muito bem. No entanto, ele veio ao meu seminário porque estava cheio de sentimentos negativos e queria se sentir melhor.

Ironicamente, no dia anterior ao início do seminário, sua mãe o encontrou e fez contato; queria conectar-se com ele e tornar-se parte de sua vida. Imagine como ele deve ter se sentido. Após uma vida inteira sem sequer saber se a mãe estava viva ou morta, ela aparece do nada, vinte anos depois, querendo assumir seu lugar como mãe e partilhar a vida com ele.

Toda raiva, dor e amargura que aquele homem havia suprimido por tantos anos brotaram novamente dentro dele. Ele queria bater nela ou pelo menos sacudi-la e contar-lhe toda a infelicidade que havia suportado por ter sido abandonado. Rejeitou a oferta de reconciliação e exigiu que ela nunca mais fizesse contato.

Na primeira noite do seminário, ele revelou esse incidente ao grupo. Compartilhou a consternação e o choque que sentiu diante da ideia de que aquela mulher que havia vilipendiado sua vida inteira agora queria ser parte de uma família feliz. Ele não conseguia imaginar a possibilidade de haver qualquer coisa boa numa mulher que abandonara o filho pequeno por vinte anos sem contato ou explicação. O grupo ouviu o relato de seu primeiro e breve encontro com aquela mulher e como tudo havia saído muito mal. Ele desabou em lágrimas ao terminar.

Por pura intuição, perguntei se ele estaria disposto a fazer alguma coisa. Seria difícil e doloroso, mas poderia levá-lo ao início de uma vida completamente nova. Ele estava disposto. Eu lhe disse que, depois do final da sessão, queria que ele entrasse em contato com sua mãe biológica e lhe perguntasse o que havia acontecido durante a infância dela. Queria que ele descobrisse qual tinha sido a coisa mais dolorosa que ela já havia enfrentado e que, então, ele contasse ao grupo no dia seguinte. Ele prometeu fazê-lo.

Na manhã seguinte, vimos um homem diferente chegar ao seminário. Não havia o olhar de raiva em seu rosto nem sons de fúria saindo de sua boca. Ele estava calmo e parecia estar em paz, embora tivesse os olhos mais vermelhos que eu já vira. Mal podia esperar para descobrir o que havia acontecido.

Pedi a ele que contasse ao grupo o que ele tinha aprendido. Lutando contra as lágrimas, ele relatou que havia ligado para a mãe e perguntado sobre sua infância. O que descobriu mudou a vida dele para sempre. Ela lhe contou que nunca conhecera o pai e que sua mãe era regularmente acometida por grandes mudanças de humor, alternando entre depressão e explosões de raiva. Um dia, a mãe a levou até a porta da casa do vizinho e a deixou ali. E nunca mais voltou.

A mulher explicou ao filho que aquele abandono colocou suas emoções em total descontrole. Assim, quando ele nasceu, ela fez o mesmo que sua mãe fizera. Fez por total desespero, na esperança de que ele nunca a visse fora de controle — ou, pior, que se tornasse vítima de seus ataques de raiva. Ela o deixou, ainda bebê, nos degraus da porta dos vizinhos, desejando que eles lhe dessem uma vida melhor do que ela poderia dar. Ela lhe contou que orava por ele todos os dias, na esperança de que, diferentemente da mãe dela, pudesse um dia voltar e fazer parte da vida dele.

Ao ouvir isso, o rapaz imediatamente percebeu que sua mãe não era má. Ela simplesmente agiu de acordo com o que havia aprendido com a própria mãe. Não o havia rejeitado; rejeitara o conceito de uma criança, não a pessoa que um dia ele poderia se tornar. Mais exatamente, na mente dela, foi mais um ato de proteção que de abandono, e sua motivação era que ele tivesse uma vida melhor.

À luz dessa nova compreensão, o rapaz começou a reformular o incidente como um todo, abandonando o ressentimento e a ira, trocando-os pelo início do amor. Foi o princípio da recuperação das feridas profundas que haviam dirigido sua vida e controlado seu destino. Com os novos fatos em mãos, ele mudou a visão que tinha da mãe e isso o libertou de seu passado. Esse passo o motivou a tomar resoluções de acordo com sua visão reformulada e, assim, superar a parede instransponível contra a qual ele batia todos os dias de sua vida. Ele estava agora livre para seguir na direção de um futuro de liberdade.

O processo que leva à resolução

Já escrevi livros inteiros sobre o processo de resolução. *Healing Is a Choice* [A cura é uma escolha] e *Transformation* [Transformação] apresentam perspectivas diferentes sobre esse processo e podem ajudá-lo a resolver o que você reformulou. Uma vez que nos aproximamos do final deste livro, quero apresentar uma lista de conceitos de resolução que podem ajudá-lo a superar as paredes que bloqueiam seu futuro. Insisto que você dê estes passos juntamente com alguém que possa guiá-lo e encorajá-lo durante a jornada.

1. *Analise.* Torne-se um estudante de sua própria vida. Examine os padrões que você desenvolveu. Trace o curso que você mais frequentemente toma quando as coisas se tornam desconfortáveis. Procure os lugares em que você guarda as emoções mais negativas. O que você sente com mais frequência? Raiva? Culpa? Medo? O que você vê como causa dessas emoções?

Comece a olhar objetivamente para si mesmo e para sua vida, de modo que possa desenvolver um plano para resolver as áreas de contaminação emocional que o mantêm preso às trevas do passado.

2. *Abra-se e confesse.* Quando nossa vida permanece focada nas coisas horríveis que os outros nos fizeram, perdemos de vista nossas próprias deficiências. Aquelas que de fato vemos, escondemos de modo que ninguém saiba quão doentes somos ou quanto estamos necessitados. Passamos a viver na vala de nossos pecados. Para sair dessa situação, precisamos assumir o risco e ser francos em relação às lutas pelas quais estamos passando. Também precisamos confessar os pecados que estamos cometendo. Temos de parar de nos esconder com medo e nos dispor a nos abrir e confessar. Esse processo de abrir-se ajuda a lançar fora a vergonha e interrompe seu acúmulo. Confessar significa que não precisamos carregar a vergonha conosco.

3. *Concentre-se no agora.* Seja o que for que tenha acontecido no passado, acabou e está terminado. Você não pode mudar aquilo; pode apenas canalizá-lo. Por canalização refiro-me a pegar qualquer dor pela qual tenha passado e direcionar seu poder para algo significativo. Hoje você é um sobrevivente. Você vive com muitos dons, talentos e pontos fortes. Você tem de se recusar a ruminar o passado que acabou e despertar para a vida que tem agora, concentrando-se nas oportunidades que estão diante de você.

4. *Opte pelo perdão.* Não conheço uma escolha mais difícil do que a escolha pelo perdão. Mas não conheço outra escolha com tantas recompensas. Não pode haver resolução sem perdão. Somos instruídos a perdoar os outros como Deus nos perdoou. Perdoar apenas se sentirmos vontade não é uma opção. Simplesmente

temos de fazê-lo. Pode parecer injusto ter de lidar com a dor infligida pelas pessoas que nos feriram e, então, passar pela dor adicional de perdoá-las por terem feito aquilo. Elas mancham o nosso chão com seus erros e somos chamados a deixar o chão delas limpo. Isso é tão difícil que algumas pessoas nunca o fazem.

Com muita frequência, sou confrontado por vítimas de abuso que realmente acreditam que não devem perdoar. Algumas sentem que, se perdoarem, estarão dando ao ofensor permissão para fazer-lhes a mesma coisa de novo. Algumas creem que não têm de perdoar a não ser que a outra pessoa se arrependa. Algumas não perdoarão até que o perdão seja pedido de maneira bem específica.

Acredito, porém, que o que a outra pessoa faz é irrelevante. Precisamos perdoar para ficar livres do fardo produzido pelo trauma que o agressor infligiu. Não será fácil nem instantâneo, mas, quanto mais cedo começarmos, mais cedo viveremos livres da influência que o mal exerce sobre nós.

O processo de perdão também deve nos incluir. Devemos oferecer a nós mesmos a graça que damos aos outros e a graça que Deus nos dá. Não devemos nos castigar e trazer vergonha sobre nós por algo que não podemos mudar ou desfazer. Para resolver todas as áreas feridas de nossa vida, devemos nos dispor a abandonar a autocondenação que acreditamos merecer. Nada melhora enquanto vivermos nos odiando por nossos erros. Devemos encontrar uma maneira de perdoar os pecados cometidos contra nós e por nós.

5. *Escolha largar o comando*. Se há uma coisa mais difícil do que perdoar, deve ser a opção de largar o comando. Optar por largar o comando é o ato de submeter nossa vida e nossa vontade a Deus. É abdicar do controle que nos faz sentir tão importantes e que nos mantém distraídos quanto a fazer as coisas difíceis que devem ser feitas para curar e transformar nossa vida. Largar o comando é confiar que Deus vai gerar os resultados. É trabalhar mesmo que não consigamos ver o resultado final do trabalho. É a

disposição de arriscar-se a não precisar estar no controle de cada momento de nossa vida.

Para muitos de nós que foram ensinados a assumir o controle, largar o comando nunca é fácil. Mas é um dos mais poderosos atos de fé. É um reconhecimento franco de nossa confiança de que Deus cuida de nós. Mais do que qualquer outra ação, largar o comando e confiar em Deus permite que descansemos, estejamos em paz e conheçamos uma vida de serenidade.

6. *Faça indenização e restituição.* Talvez essa seja a ação mais frequentemente negligenciada no processo de resolução das questões que nos prendem. Não queremos que alguém que arruinou nossa vida caminhe por aí livre de qualquer ônus. Queremos que essa pessoa pague por nosso sofrimento. Queremos ver um sacrifício que mostre remorso sincero.

Igualmente, os outros querem a mesma coisa para nós. Se traímos as pessoas, precisamos descobrir o que podemos fazer para reparar o dano. É claro que nada pagará totalmente o mal que fizemos, mas fazer restituições, pedir perdão, devolver o dinheiro tomado ou substituir os bens danificados pode nos ajudar a nos sentir perdoados e a viver cientes de que fizemos tudo o que poderíamos para indenizar a perda e a dor que causamos.

7. *Faça um plano para proteger a si mesmo.* A resolução de seus traumas e conflitos emocionais pode colocar para fora muita coisa que há em você. Se você não tomar cuidado, poderá facilmente retornar aos antigos costumes. Poderá levantar os ressentimentos antigos e repetir os velhos padrões que o mantêm preso atrás de uma parede.

Quando você se protege, é menos provável que tenha uma recaída e saia do trilho que leva a uma vida de propósito e significado. Você se protege ao encher a vida de pessoas saudáveis. Você encontra proteção ao fazer parte de um pequeno grupo, conhecendo as pessoas e deixando que elas conheçam você.

A proteção vem de sempre ter um lugar saudável aonde ir. Pode ser o consultório de um terapeuta ou um grupo local de codependência. A proteção é um sinal saudável de humildade. Ela reconhece que você não é brilhante o suficiente para saber quando pode estar vulnerável a uma recaída. É preciso ter um plano para proteger-se do passado e da repetição dos erros que cometeu.

8. *Realize o sonho de alcançar outras pessoas.* Os que podem ser considerados clinicamente paranoicos acham difícil alcançar outras pessoas de maneira autêntica, porque o foco nos *outros* é algo que impede o foco *em si mesmo*. Quando nos concentramos fortemente em nós mesmos, é fácil cair do trauma para o senso de falta de importância. Logo de início precisamos começar a alcançar outras pessoas. Precisamos garantir nosso progresso ao ajudar outros em seus programas de cura. Nessa ação encontramos sentido, propósito e um desejo de continuar vivendo e contribuindo para um mundo que precisa da participação de todos.

Você pode tomar essas oito atitudes para resolver qualquer coisa que o esteja perturbando. Elas são passos em um caminho completamente diferente daqueles que a maioria das pessoas escolhe seguir. Esses passos farão mais que levá-lo a ver as coisas de maneira diferente; eles o farão ultrapassar suas paredes e o motivarão a viver a vida em plenitude.

Quando o passado não oferece resolução

Talvez você esteja numa situação similar à do homem deixado na varanda do vizinho por sua mãe despreparada. Contudo, diferentemente da mãe dele, a sua não volta para revelar a situação por inteiro e lhe fornecer uma resolução. Os fatos que permitiriam que você visse sua ferida debaixo de uma luz nova e diferente simplesmente não estão disponíveis. Você pode achar que, uma vez que não há nada novo a ser descoberto, nenhum *upgrade* emocional lhe está disponível. Você se sente preso, talvez um pouco enciumado de um homem cuja mãe se importou o suficiente para voltar. Se esse for o caso, você ainda tem razões para ter esperança.

Digamos que você tenha lutado a vida inteira com a dor de ter sido molestado sexualmente por um pai doentio que era um líder admirado na igreja. Para todo o mundo, exceto para você, ele era conhecido como um homem de integridade que trabalhava duro, sustentava aquela família que parecia perfeita, frequentava a igreja regularmente e lecionava numa classe da escola dominical. Contudo, à noite, ele rastejava até seu quarto, acariciava você, dizia que amava você e que você era especial. Ele insistia que você guardasse esse pequeno segredo ou sua mãe ficaria louca. Ela odiaria você, e tudo o que a família possuía seria perdido. Dependia de você manter tudo como estava. Você tinha de suportar o abuso e o sacrifício de maneira solitária em nome do restante da família. Então, quando você alcança idade suficiente para querer fazer alguma coisa em relação ao passado, seu pai morre repentinamente, deixando você com o fardo daquele terrível segredo.

Como resolver sua dor? Você nunca ouvirá um pedido de desculpas ou uma confissão, nem o verá ser levado para a cadeia pelo crime que cometeu. Nunca conseguirá lhe dizer que, para cada momento de prazer doentio dele, você teve de suportar horas e horas de raiva, pesar, horror, medo e depressão suicida. Resta-lhe tão somente a bagagem que você tem arrastado desde que o pesadelo começou.

Como alguém nessa situação pode subir para o próximo nível? Como alguém que luta sozinho com esse tipo de segredo encontra uma maneira de se soltar e seguir adiante, vencendo a parede que agora parece um impedimento permanente a uma vida de liberdade? É difícil, mas é possível. Você precisa voltar para as cinco paredes e trabalhar naquelas que estão bloqueando sua vida. Então, sem a necessidade de resposta de qualquer outra pessoa, você precisa começar a colocar em prática as ações listadas neste capítulo que levarão você à resolução.

Quando está resolvido?

Se a resolução é o objetivo, como você sabe que finalmente chegou lá? Você alcança a resolução quando algum evento do passado que era uma influência dominante e negativa em sua vida deixa de exercer esse poder sobre você. Você se lembra do que aconteceu, mas não revive a dor quando volta a pensar naquilo. O evento ruim não tira mais nada de sua vida; na verdade, ele adicionou algo a ela. O que aprendeu ao passar pelo processo de mudança de perspectiva e resolução fez de você uma pessoa extremamente forte.

Você sabe que alcançou a resolução quando deixa de guardar mágoa da pessoa que o feriu. Em vez disso, você tem algum grau de simpatia ou pelo menos sente pena da pessoa pela vida miserável a qual ela está presa. Você agora vê a enfermidade daquele que realizou o abuso como ela de fato é e não se ressente mais da pessoa. Você está acima disso e está livre porque a pessoa não controla mais a sua vida. Você percebe quanto cresceu por trabalhar tudo o que aconteceu a você e sabe que alcançou o ponto em que não repetirá a ação cometida pelo seu ofensor. Você é melhor, mais forte e mais sábio em razão do que passou. Você vê o caso como algo do seu passado, algo que você venceu. Isso não envenena mais seu presente e certamente não limita seu futuro.

Você finalmente superou a parede que o manteve preso por tanto tempo.

9

É uma parede ou uma fronteira?

Creio que é comum haver confusão sobre a diferença entre uma parede e uma fronteira. É muito comum que aquilo que as pessoas acreditam ser uma parede seja de fato uma fronteira, e o que acreditam ser uma fronteira se torne uma parede.

Como é possível fazer a distinção entre uma parede na qual fico batendo e uma fronteira que me permite caminhar na luz e na liberdade? Existem algumas distinções vitais; veremos a seguir algumas ideias que ajudarão a esclarecer a diferença.

Estudo de caso nº 1

Lisa poderia ter ligado para seu marido e dito o seguinte:

> Você não pode se aproximar de mim, nem me telefonar, nem me contatar de qualquer outra maneira. Não quero ver você e não quero fazer parte da sua vida. Você está tão perdido que não consegue sequer ver o que está fazendo a si mesmo, a mim e às crianças. Portanto, nem pense em voltar para mim. Isso não vai acontecer.

O teor dessa ligação poderia dar a impressão de que Lisa estivesse estabelecendo uma fronteira saudável para proteger a si mesma e os filhos de um marido que abusava dela de todas as formas possíveis. Mas não é o caso. Em vez disso, ela estava construindo uma parede indestrutível que manteria o marido para sempre do lado de fora.

Depois de alguns anos suportando a doença dele, Lisa finalmente enfrentou o fato de que ele nunca mudaria. Ela se dispôs a fazer o que fosse necessário para proteger a si mesma e a seus filhos. Para uma mulher na situação dela, pareceria admirável encontrar coragem para impor uma medida de restrição contra o marido. Mas, ao fazer isso, ela estaria construindo uma parede em vez de estabelecer uma fronteira.

Uma parede tem a ver com o que o *outro* precisa fazer e parar de fazer. Uma fronteira tem a ver com o que *eu* farei e pararei de fazer. Se Lisa tivesse estabelecido uma fronteira saudável, a ligação para seu marido teria sido mais ou menos esta:

> Decidi que preciso fazer algumas mudanças. Preciso ficar separada de você por algum tempo. Se você não puder respeitar isso, pegarei as crianças e viverei num lugar seguro. Decidi que a conversa com você é destrutiva, tanto para as crianças quanto para mim. Portanto, enquanto você não buscar ajuda, não atenderei ligações telefônicas suas nem atenderei a porta quando você vier até nossa casa. Não pedirei uma medida de restrição contra você, mas, se tiver de fazê-lo, farei. Quando estiver disposto a buscar a ajuda de que precisa, adorarei conversar com você sobre nossos filhos e nosso futuro.

Esse foi o curso que Lisa seguiu, e sua atitude, juntamente com a sugestão de uma possível liminar de restrição de contato contra ele, foi um toque de despertar para seu marido. Ele viu imediatamente que as regras do jogo haviam mudado; não poderia mais continuar a agir daquela forma com sua esposa. Ele precisou tomar algumas decisões: primeiro, ficar longe dela; segundo, buscar ajuda se havia alguma esperança de que os dois ficassem juntos de novo. Isso era algo que ele queria muito, sobretudo agora que percebia quão facilmente ele poderia perdê-la para sempre. Ele se dispôs a procurar o tratamento que derrubaria as paredes que o mantinham preso à raiva e à irritação. Tudo isso porque Lisa finalmente havia estabelecido uma fronteira.

Estudo de caso nº 2

Janet disse a seu marido que não faria sexo com ele até que ele fosse a um terapeuta e conseguisse ajuda para todos os problemas que haviam surgido no primeiro ano de seu casamento. Isso parece ser o estabelecimento de uma fronteira saudável por parte de Janet. Negativo. Foi uma parede que ela construiu para evitar a vulnerabilidade e a intimidade requeridas no momento de fazer amor com seu marido.

O marido que Janet havia pintado como totalmente mau e cheio de problemas certamente tinha algumas questões com que deveria lidar. Mas ele não era o verdadeiro problema. Era Janet. Ela era quem precisava se sentar diante de um terapeuta para trabalhar sua vida cheia de medos que a levava a querer controlar tudo, especialmente o marido. Ela o manipulava e tentava controlá-lo ao afastar-se sexualmente dele. Ela havia construído uma parede tão alta, larga e grossa que jamais poderia ser derrubada. Mas era uma parede em que seu marido se recusava a continuar batendo, e ele a deixou. Agora, ela estava com sua parede, mas não tinha ninguém contra quem usá-la. Não havia ninguém disposto a ficar do outro lado.

O confinamento das paredes e a liberdade das fronteiras

Como esses dois casos mostram, existe uma grande diferença entre uma fronteira e uma parede. Uma parede confina você a um passado que não pode ser mudado e a um futuro que dará no mesmo. Uma fronteira pode abrir o futuro, pois marca uma mudança em relação a como as coisas aconteceram no passado. Ambas fornecem algum tipo de proteção, mas a proteção de uma parede limita todos os resultados positivos, enquanto a fronteira tem o potencial ilimitado de garantir um futuro de esperança e cura.

Por um lado, a parede significa viver como se o passado doloroso tivesse de continuar a ser uma realidade presente. A pessoa vive como se toda a dor experimentada aos 5 anos ainda devesse ser experimentada depois de adulta, aos 35 anos. A parede não reconhece o fato de que o tempo passou. Força foi desenvolvida, e as coisas que eram temidas aos 5 anos não têm mais poder aos 35, contanto que se viva como adulto e não como criança.

Ter medo de todos os homens pode ser útil para a sobrevivência de uma menina que sofreu abuso naquela idade. Mas conservar esse medo aos 35 anos é totalmente inútil. Ele prende a pessoa dentro das paredes do passado, criando uma prisão autoimposta desnecessária, que confina a pessoa a atitudes e limitações que não têm base na realidade e que não precisam ser perpetuadas.

Uma fronteira, por outro lado, não é uma parede; é uma linha na areia, uma linha que você traça ao seu redor impedindo que a dor e o sofrimento do passado se perpetuem. É uma postura que exige ação de sua parte se não for honrada. É uma declaração do que irá fazer, do que escolheu e de quais serão as consequências de sua parte, independentemente de a outra pessoa procurar ajuda ou fazer as mudanças necessárias.

As paredes são usadas para colocar exigências sobre a outra pessoa ou importuná-la quanto às mudanças que ela deve fazer. Essa abordagem só faz que o outro construa mais defesas. Uma fronteira funciona de maneira bem mais positiva. Ela desafia a outra pessoa a abaixar a guarda e olhar para aquilo que precisa ser mudado.

Sei que não posso mudar meu passado. A única coisa que posso fazer hoje é abrir caminho para um futuro melhor. Qualquer foco que eu tenha sobre o passado que me causa vergonha e distração prejudicará o futuro que estou criando por meio de minhas decisões diárias. Se eu construir uma parede em torno do meu passado, estou essencialmente protegendo o passado, e não a mim mesmo. Uma fronteira faz o oposto: ela me protege hoje e deixa o passado para trás. Isso significa que preciso estabelecer uma fronteira que exclua alguém que continua a trazer o passado de volta.

Paredes são coisas que você precisa superar. Você precisa derrubá-las, dar a volta por elas ou passar por cima delas. Elas têm de ser vencidas e rompidas se você quiser seguir adiante. Mas as fronteiras são móveis; você pode levá-las com você. Não existe limite de duração de uma fronteira, contanto que eu a mantenha no lugar. Minha primeira fronteira é minha própria pele — uma fronteira que vem comigo, não importa quais paredes tenham sido derrubadas ou abandonadas. Tal como minha pele, a fronteira que estabeleço em torno de mim mesmo se torna uma proteção móvel para minha vida e meu futuro, em vez de ser uma parede que me isola de todas as opções e me mantém desnecessariamente confinado aos traumas do passado.

As paredes são construídas com solidão e isolamento. Elas nos impedem de construir conexão e comunhão. Mas uma fronteira abre as portas para a conexão com indivíduos saudáveis numa comunidade saudável. Ela ajuda a romper o isolamento porque cria uma barreira saudável, isolando-nos dos elementos nocivos da vida. Uma fronteira deixa o que é ruim para trás e nos apresenta as coisas saudáveis.

Se me sinto culpado, assustado ou irado, há uma boa chance de vir a construir uma parede atrás da qual me esconderei. A parede impedirá que eu descarregue essas emoções sobre outras pessoas ou impedirá que as pessoas as vejam dentro de mim. Se eu não posso resolver essas questões, sinto-me praticamente obrigado a construir uma parede que esconda os problemas, a mim mesmo ou a ambos.

As fronteiras não são construídas a partir da culpa, do medo ou da ira. Elas são construídas porque uma pessoa descobriu a verdade e agiu de acordo com ela. As fronteiras surgem de uma nova disposição de tentar algo diferente que possa me tirar da culpa, do medo ou da ira. E as fronteiras exigem coragem da minha parte. Pessoas corajosas estabelecem fronteiras que as levam a um novo território repleto de opções saudáveis e relacionamentos ricos.

Quando construo uma parede, ela me dá um falso senso de segurança. Passo a acreditar que, se minha parede for suficientemente forte, ela impedirá que eu me torne vítima novamente. Mas as paredes não fornecem a segurança que se imagina. Elas podem se tornar tão grandes que terminam por desabar, o que faz a vitimização invadir minha vida de outras maneiras. Algumas pessoas que se acreditam protegidas e seguras por suas paredes não percebem que sua psique abriu caminho furtivamente em torno das paredes, expondo exatamente o que elas queriam esconder. Ao contrário da parede, a fronteira produz segurança autêntica. Ela solicita a ajuda de outros quando está fragilizada. Encoraja a conexão com outras pessoas. Provê a força da segurança coletiva, em vez da vulnerabilidade do isolamento emparedado.

Quando você tem ódio de si mesmo e teme a possibilidade de alguém descobrir quem você realmente é, você constrói uma parede de defesa. Mas, quando ama a si mesmo como sendo criação de Deus, você constrói fronteiras que honram quem você é e o Deus que o criou. As fronteiras são construídas com base no respeito próprio e na boa administração de todas as coisas que Deus lhe concedeu. A parede simplesmente exclui a luz que revela e nutre essas dádivas e pontos fortes dados por Deus.

Em suma, a parede é uma barreira. É uma barreira entre os outros e os segredos que desejo esconder. É uma barreira que me mantém fora e deixa a dor dentro. É uma barreira que me impede de ver todas as coisas boas que eu poderia ter, que me mantém focado nos erros que me feriram e que me prepara para repetir aquelas experiências danosas.

A parede é uma barreira, ao passo que a fronteira é o início. É o início de uma vida que não permite que o mal seja infligido sobre mim. É o início da busca por aquilo que é melhor e do esforço para manter distantes as influências que me impediriam de alcançar o melhor. É o início de uma maneira completamente nova de ser. Ela me impede de bater em paredes e me permite andar rumo ao futuro com Deus e com as pessoas numa comunhão sadia e vivificadora.

Você quer parar de bater em paredes? Está pronto para derrubá-las de uma vez por todas? Então estabeleça algumas fronteiras saudáveis — e mantenha-as — em favor de tudo aquilo que Deus reserva para seu futuro.

Guia de estudo

Querido leitor,

Este guia de estudo interativo foi elaborado com o intuito de ajudar você a extrair o máximo desta obra. Ele o ajudará não apenas a rever o esclarecedor conteúdo do livro, como também a aplicá-lo de maneira eficaz em sua vida.

Em cada lição você encontrará perguntas, exercícios e um estudo bíblico para preencher. A maioria das perguntas e dos exercícios deste guia está direcionada para o estudo pessoal, mas pode ser facilmente adaptada para um grupo ou uma sala de aula. Outros itens são incluídos para discussão em grupo ou para ser trabalhados com uma pessoa de confiança. (Você verá isso claramente destacado em cada capítulo.) A parte do estudo bíblico de cada lição pode ser preenchida tanto individualmente como em grupo.

Você obterá maior proveito deste guia se usar de forma conjunta os exercícios, as perguntas e o estudo bíblico. Juntos, esses elementos devem ajudá-lo na elaboração de um plano que o capacitará a desfrutar a vida da maneira que Deus deseja.

Portanto, se você estiver pronto para deixar de bater em paredes e começar a caminhada rumo a um novo e abençoado tipo de vida, vamos começar!

Stephen Arterburn

Introdução

Aprendendo a enxergar nossas paredes

O ponto principal

Milhões de pessoas sentem pesar causado por eventos e incidentes dolorosos que aconteceram muito tempo atrás em sua vida. Consequentemente, elas permitem que crenças errôneas se tornem barreiras que as afastam de uma vida de liberdade, propósito e significado. Em vez de resolver a dor e seguir em frente, elas continuam a bater contra suas paredes, vivendo como se o passado doloroso ainda fosse uma realidade presente. Mas sua história pode ser diferente!

Avaliação pessoal

Quais crenças errôneas ou meias verdades podem estar impedindo você de enxergar a verdade e agir de acordo com ela? Analise as declarações a seguir e abaixo de cada uma circule a resposta que indica a frequência com que você diz cada frase.

- ***Não é culpa minha.***
  Frequentemente / Ocasionalmente / Raramente / Nunca
- ***Meus pais simplesmente não entendem.***
  Frequentemente / Ocasionalmente / Raramente / Nunca
- ***Ninguém pode me ajudar, a não ser eu mesmo.***
  Frequentemente / Ocasionalmente / Raramente / Nunca
- ***Sei como lidar com isso sozinho.***
  Frequentemente / Ocasionalmente / Raramente / Nunca
- ***Não sou eu a pessoa com problemas aqui.***
  Frequentemente / Ocasionalmente / Raramente / Nunca

- ***Como essa pessoa pôde me ferir, sabendo que fui ferida por outras pessoas?***
  Frequentemente / Ocasionalmente / Raramente / Nunca
- ***Terapeuta é para quem está louco.***
  Frequentemente / Ocasionalmente / Raramente / Nunca
- ***Qualquer um se sentiria assim se passasse pelo que passei.***
  Frequentemente / Ocasionalmente / Raramente / Nunca
- ***Quando a pessoa que me feriu buscar melhorar, estarei disposto a corresponder; mas só depois disso.***
  Frequentemente / Ocasionalmente / Raramente / Nunca
- ***Sou culpado demais para Deus me perdoar.***
  Frequentemente / Ocasionalmente / Raramente / Nunca

Com base em suas respostas às perguntas acima, quais paredes, se existirem, precisam de sua atenção? Por quê?

____

____

____

____

____

Siga em frente: Reflexão pessoal

Enquanto pensa nas paredes invisíveis que podem existir em sua vida, faça a si mesmo as seguintes perguntas:

1. Que paredes de culpa, vergonha, ira, arrependimento ou ansiedade podem estar me ferindo?

____

____

2. A quais crenças erradas, em relação a mim mesmo ou aos outros (especialmente àqueles que me feriram), estou me prendendo?

____

____

3. Qual tem sido o propósito de minha vida?

____

____

4. Como vejo minha vida à luz de meus relacionamentos passados e atuais?

____

____

5. Que mentiras são representadas pelas paredes da minha vida? Que verdades elas escondem?

____

____

Siga em frente: Para discutir

1. O que é o "mistério da infelicidade"? Por que é importante entender isso?

2. Por que é necessário lidar com as paredes da vida?

3. De que maneira você pode usar a ferida do seu passado como uma lente para enxergar sua vida?

4. Como os amigos e entes queridos nos ajudam a entender e a cumprir nosso propósito na vida?

5. O que significa ser livre de um passado que não pode ser mudado?

Ouça a voz de Deus

Saul, o primeiro rei de Israel, fracassou em seu papel como governante sobretudo porque continuou batendo na parede do medo e nunca aprendeu a seguir adiante.

Leia 1Samuel 10.22; 15.24; 18.12,15,29; 28.5

1. O que todas essas passagens têm em comum?

2. Como Saul reagiu diante da parede do medo? De que você acha que ele tinha medo?

3. Que tipo de legado Saul deixou?

4. De que maneira a história de Saul poderia ter sido diferente? Que escolhas poderiam tê-lo ajudado?

Leia 2Timóteo 1.7

1. O que Deus *não* nos deu?

2. O que Deus *realmente* nos deu?

3. Como a mensagem desse versículo ajuda os cristãos a destruir a parede do medo?

4. De que forma você poderia integrar a verdade desse versículo à sua vida?

O que você pode fazer agora

Depois de ler a introdução, refletir sobre a mensagem, discutir suas ideias com outros e fazer os exercícios apresentados acima, *o que você precisa fazer agora*? Usando o espaço abaixo, esboce um plano de ataque para identificar e ultrapassar as paredes que o impedem de desfrutar o futuro abençoado que Deus tem para você.

____

____

____

____

1

Paredes fictícias que nos bloqueiam

O ponto principal

As paredes que nos impedem de experimentar alegria e saúde — paredes como ira, ressentimento e culpa — costumam ser erguidas a partir de partes incompletas ou mal compreendidas da realidade e também de meias verdades que nos impedem de perceber a verdade real. Ficamos tão focados num pedrisco horrível que deixamos de ver a majestosa montanha em que ele está. Não permita que o pedrisco o impeça de desfrutar a vista maravilhosa!

Avaliação pessoal

Você costuma pensar sobre algum evento doloroso do seu passado, mesmo que seja de um passado distante? Em caso afirmativo, como é essa reflexão? Quem é o herói? Quem é o vilão? Quem é a vítima? O que aconteceu? Qual foi o resultado? Com esse evento doloroso em mente, responda às afirmações a seguir.

- ***Sei tudo o que preciso saber sobre a pessoa que me feriu.***
  Verdadeiro / Falso
- ***Meus problemas atuais são culpa daquela pessoa.***
  Verdadeiro / Falso
- ***A pessoa que me feriu é totalmente má.***
  Verdadeiro / Falso
- ***Considero-me uma vítima.***
  Verdadeiro / Falso
- ***Sou o alvo inocente de um abuso imerecido.***
  Verdadeiro / Falso

- ***Esse terrível fato arruinou minha vida para sempre.***
  Verdadeiro / Falso

Com base em suas respostas às perguntas acima, você acredita que possa haver paredes fictícias que precisam ser derrubadas para você seguir em frente? Se há, quais são elas? O que você pode fazer em relação a elas?

____

____

____

____

Siga em frente: Reflexão pessoal

Paredes fictícias criam barreiras de ira, ressentimento e culpa. Elas também o levam a ver seus pontos fortes como fraquezas, a exagerar tudo o que há de errado em sua vida e a impedir a entrada de qualquer pensamento de que Deus o criou para ser uma pessoa capaz.

1. Você já se fez de vítima? Explique.

____

____

2. Existe algum evento ou incidente do seu passado que tende a servir de moldura pela qual você interpreta sua vida? Em caso afirmativo, descreva-o.

____

____

3. O que você sabe sobre a história de vida da pessoa que feriu você tão profundamente?

____

____

4. A que conclusões falsas você acha que pode ter chegado a respeito de si mesmo e de sua vida?

____

____

5. Que aspecto da verdade de Jesus você acha que ele mais deseja que você compreenda?

____

____

Siga em frente: Para discutir

1. Como as meias verdades encobrem a percepção da verdade plena? Dê alguns exemplos.

2. Como é possível olhar para a vida de uma perspectiva mais ampla que a atual? Como podemos ampliar nossa perspectiva?

3. O que significa "personalizar a ferida" ao relembrar algum incidente doloroso do passado? Como isso pode causar mais feridas?

4. O que significa assumir responsabilidade por sua vida na área de suas emoções? Como isso pode ser feito?

5. Como Deus poderia usar experiências comuns de dor, ou "vínculos de negligência", para curar você e ajudar outras pessoas?

Ouça a voz de Deus
Leia Mateus 16.5-12

1. O que os discípulos não entenderam? O que os impedia de compreender?

2. A que conclusão falsa os discípulos foram levados devido à falta de entendimento?

3. Como Jesus corrigiu o mal-entendido?

4. Como a incapacidade dos discípulos em entender tornou-se uma parede que os impedia de experimentar tudo o que Deus tinha para eles?

5. Por que Jesus fez que os discípulos pensassem a respeito para só depois corrigir a falta de entendimento deles? Por que simplesmente não lhes explicou os erros e lhes deu a resposta certa? O que isso sugere em relação à maneira como Deus trabalha em nossa vida?

Leia Lucas 24.13-32

1. Quais partes da informação incompleta ou mal compreendida causaram problemas para os dois discípulos descritos nessa passagem?

2. Como Jesus lidou com a falta de entendimento deles? Que ações ele tomou para derrubar a parede?

3. De que maneira essa compreensão incompleta afetou as emoções dos dois discípulos?

4. O que aconteceu assim que a parede veio abaixo? Como as emoções dos discípulos mudaram?

5. O que esse acontecimento sugere a você quanto ao modo como Deus costuma lidar com as paredes de sua vida?

O que você pode fazer agora

Depois de ler o capítulo 1, refletir sobre a mensagem, discutir suas ideias com outros e fazer os exercícios apresentados acima, *o que você precisa fazer agora*? Usando o espaço abaixo, esboce um plano de ataque para identificar e ultrapassar as paredes que o impedem de desfrutar o futuro abençoado que Deus tem para você.

____

____

____

____

2

A parede da resistência teimosa

O ponto principal

A resistência teimosa é uma atitude inútil e contrária que leva as pessoas a pensar: "Uma vez que sei tudo o que se pode saber sobre este assunto, ninguém pode me ajudar". A resistência teimosa mantém as pessoas presas a seus problemas e as impede de ver seus pontos cegos; assim, elas continuam a bater em paredes que não conseguem ver e a se machucar. Aqui está a ajuda para sair dessa estrada esburacada e seguir adiante em sua vida.

Avaliação pessoal

Leia as declarações a seguir e assinale a resposta que melhor se encaixe em sua situação. Quão teimosamente resistente suas respostas sugerem que você é?

- ***Costumo admitir que estou errado.***
  Verdadeiro / Falso
- ***Costumo pedir a opinião das pessoas.***
  Verdadeiro / Falso
- ***Costumo admitir que trato os problemas de forma prejudicial.***
  Verdadeiro / Falso
- ***Estou disposto a reconhecer que talvez precise de ajuda para superar as paredes da minha vida.***
  Verdadeiro / Falso

- ***Já disse a meu cônjuge: "Você sabia que eu era assim quando se casou comigo".***
  Verdadeiro / Falso
- ***Minha tendência é ser alguém do tipo "do meu jeito ou de jeito nenhum".***
  Verdadeiro / Falso
- ***As pessoas me dizem, ou eu mesmo sinto, que tenho grande necessidade de estar sempre certo.***
  Verdadeiro / Falso
- ***Deixo de dar ouvidos a pessoas que tentam me fazer ver as coisas de maneira diferente.***
  Verdadeiro / Falso

Com base em suas respostas às perguntas acima, o que você pode fazer para se tornar mais disposto a ouvir os pontos de vista de outras pessoas? Cite abaixo algumas das possíveis ações.

____

____

____

____

____

Siga em frente: Reflexão pessoal

Muitas coisas importantes devem acontecer para que alguém se solte das garras da resistência teimosa e siga na direção do melhor que Deus nos reserva. Esta seção pede a você que olhe mais profundamente para suas experiências e analise o que você pode ter de fazer para sair do lugar.

Tenha mais consciência de si mesmo.

1. Qual você considera ser sua maior dificuldade?

2. Quais pontos cegos outras pessoas tentam discutir com você nessa área de sua vida?

3. Em que paredes você continua a bater, impedindo-o de progredir?

4. É possível haver uma realidade mais profunda por trás do seu problema? Que culpa ou vergonha você pode estar carregando em relação a algum evento profundamente doloroso do seu passado? O que é "aquilo" que o impede de seguir em frente?

5. Como seus pais ou avós podem ter contribuído para o problema que você enfrenta agora?

Olhe honestamente para si mesmo.

1. Que paredes de sua vida você se recusa a reconhecer?

2. De que maneira você defende e racionaliza seu comportamento?

3. Como você tenta projetar sua própria dificuldade em outras pessoas?

4. Como você costuma reagir àqueles que o desafiam em relação a esse problema?

5. Quão assustado você fica com a possível perda de suas paredes? Como essas paredes lhe trouxeram conforto no passado? De que maneira elas o ajudam a evitar a dor da autoavaliação?

Siga em frente: Para discutir

Busque a sabedoria de outras pessoas

1. De que forma outras pessoas foram bem-sucedidas na remoção do mesmo tipo de parede que se encontra diante de você?

2. De que forma outras pessoas superaram a culpa ou a vergonha que um dia as manteve presas?

3. Que conselho outras pessoas poderiam oferecer para que você supere seu medo?

Avance rumo à disposição

Para seguir adiante na direção do melhor de Deus para você, é preciso estar disposto a superar qualquer resistência teimosa que descubra em si mesmo. Analise as perguntas a seguir para mensurar essa disposição e descobrir como experimentar o melhor de Deus.

1. A quem você precisa ouvir com mais atenção para superar a parede da resistência teimosa em sua vida?

2. Qual é seu plano para realizar seus sonhos? Descreva-o.

3. O que você está disposto a fazer para melhorar sua vida? Seja específico.

4. O que você precisa fazer para substituir a resistência teimosa por uma disposição de mente aberta que olha objetivamente a vida, dá ouvidos à sabedoria alheia e segue rumo a uma mudança verdadeira?

Preste contas a pessoas que se importam com você

1. Quem são as pessoas de confiança em sua vida que lhe dizem a verdade?

2. Quem é a pessoa que poderia se tornar uma boa parceira a quem você prestaria contas?

Ouça a voz de Deus

Talvez Jeremias seja o livro da Bíblia que mais trata dos perigos da resistência teimosa. O profeta advertiu seus compatriotas repetidamente de que, se não abandonassem a teimosia, mudassem seus caminhos e começassem a enxergar a vida da perspectiva de Deus, enfrentariam dificuldades, dor e até mesmo tragédia. Contudo, se o ouvissem, um mundo de grandes possibilidades se abriria para eles.

Leia Jeremias 7.23-24

1. O que impediu as pessoas de seguir em frente? Por que elas andaram para trás?

2. Qual foi o resultado desse erro?

3. Qual é o desejo de Deus para seu povo (v. 23)?

4. O que é necessário para deixar de seguir as inclinações teimosas de um coração maligno? O que significa "ouvir" e "dar atenção" (v. 24)? O que essas ações exigem?

Leia Jeremias 18.11-17

5. O que implica a ordem para "converter-se"?

6. O que implica a ordem para "corrigir"?

7. Quais são as consequências de seguir em resistência teimosa?

Leia Êxodo 5.1—14.31

O faraó do êxodo bíblico talvez seja a melhor ilustração das Escrituras de alguém que endureceu o coração e se recusou a ouvir outros pontos de vista. Por causa de sua resistência teimosa, ele provocou não apenas a própria destruição, mas também a ruína de seu povo.

Compare estes dois conjuntos de versículos sobre o ocorrido:

Leia Êxodo 7.13,22; 8.15,19,32
Leia Êxodo 9.12,34; 10.1,20,27; 11.10; 14.8

1. Quais são as semelhanças entre esses dois conjuntos de versículos?

2. Quais são as diferenças?

3. O que você conclui sobre alguém que repetidamente endurece o coração contra o melhor de Deus?

A resistência teimosa também foi um problema na época do Novo Testamento, assim como fora nos tempos do Antigo Testamento. Leia os versículos a seguir, resuma as questões descritas em cada passagem e, em seguida, explique como as questões daquela época continuam a ser um problema para nós hoje.

Leia Marcos 3.1-6; 16.14
Leia Romanos 2.1-5

O que você pode fazer agora

Depois de ler o capítulo 2, refletir sobre a mensagem, discutir suas ideias com outros e fazer os exercícios apresentados acima, *o que você precisa fazer agora*? Usando o espaço abaixo, esboce um plano de ataque para identificar e ultrapassar as paredes que o impedem de desfrutar o futuro abençoado que Deus tem para você.

____

____

____

____

3

A parede do merecimento arrogante

O ponto principal

A parede do merecimento arrogante surge de um estado mental adolescente que faz a pessoa se ver como o centro do universo. Os que são acometidos por ele acreditam ter o direito de ser felizes a todo custo e, assim, racionalizam comportamentos egoístas e destrutivos, visando conseguir aquilo que acham que merecem. O resultado previsível é a dor, tanto para eles como para os outros. Felizmente, a maturidade — bem como uma vida positiva e decidida — aguarda aqueles que persistirem em se livrar desse modo egoísta de pensar.

Avaliação pessoal

As pessoas presas pela parede do merecimento arrogante costumam não apenas racionalizar seu comportamento, mas expressá-lo alto e bom som. Elas justificam suas ações com comentários como os que aparecem a seguir. Com que frequência você se pega dizendo as seguintes frases?

- ***Eu mereço isso.***
  Frequentemente / Ocasionalmente / Raramente / Nunca
- ***Tenho necessidades reais que não estão sendo satisfeitas.***
  Frequentemente / Ocasionalmente / Raramente / Nunca
- ***Passo por uma crise, e isso irá aliviá-la.***
  Frequentemente / Ocasionalmente / Raramente / Nunca
- ***Isso não é traição de fato. Além do mais, ele/ela jamais saberá.***
  Frequentemente / Ocasionalmente / Raramente / Nunca

- ***Essa pessoa realmente me desapontou. Por isso, a culpa é dela.***
  Frequentemente / Ocasionalmente / Raramente / Nunca
- ***Qualquer um na minha situação faria a mesma coisa.***
  Frequentemente / Ocasionalmente / Raramente / Nunca
- ***Não sou plenamente responsável por minhas ações porque sou viciado.***
  Frequentemente / Ocasionalmente / Raramente / Nunca

Se disser essas coisas a si mesmo por tempo suficiente, você terminará construindo uma ponte que o levará até o merecimento arrogante. Você racionalizará suas ações de modo que fazer o errado lhe parecerá bastante aceitável, dadas as circunstâncias. O que suas respostas às perguntas acima indicam a você? Que ação, se houver alguma, elas sugerem que você precisa tomar?

____

____

____

____

Siga em frente: Reflexão pessoal

1. Você se vê pensando ou falando mais sobre "direitos" ou sobre "responsabilidades"? Explique.

____

____

2. Que coisas você fez para alcançar a suposta felicidade, mas que, na verdade, o levaram à tristeza profunda? Por que você acha que isso aconteceu?

____

____

3. De que maneira você está ativamente envolvido em ajudar outras pessoas?

---

4. O que você está fazendo para melhorar seu relacionamento com Deus?

---

5. Com que áreas da sua vida você está contente? Em que áreas você carece de compromisso? Explique.

Siga em frente: Para discutir

1. Que outras músicas além de "My way" refletem a postura de merecimento arrogante?

2. Descreva alguns argumentos que você ouviu de indivíduos que tentaram explicar por que seu "direito" à felicidade os levou a um comportamento questionável.

3. Por que e como o merecimento arrogante tende a destruir os relacionamentos?

4. Como você descreveria a humildade? Por que ela é a chave para superar a parede do merecimento arrogante?

5. O que significa entregar tudo a Deus? Como isso é feito?

Ouça a voz de Deus

Leia Filipenses 2.3-11

1. Que qualidade ou traço pessoal é destacado nessa passagem?

2. Como Jesus exemplifica essa característica?

3. Como essa qualidade deve influenciar nossa forma de tratar os outros?

4. Como essa qualidade ajuda a derrubar a parede do merecimento arrogante?

5. Como devemos nutrir essa qualidade em nós mesmos? De que modo podemos fazê-la crescer?

Leia 1Pedro 5.5-7

1. O que significa sujeitarmo-nos uns aos outros? Como seria isso na prática?
2. Como você "se veste" da humildade? Qual é a importância da metáfora de vestir a humildade como uma peça de roupa?
3. Qual é a razão apresentada por Pedro no versículo 6 para nos humilharmos?
4. Qual é a conexão entre a promessa do versículo 6 e a declaração do versículo 7? Como o versículo 7 torna mais fácil confiar na promessa do versículo 6?
5. Quem é a pessoa mais humilde que você conhece? Como as pessoas agem diante dela? De que modo a humildade pode melhorar sua vida?

O que você pode fazer agora

Depois de ler o capítulo 3, refletir sobre a mensagem, discutir suas ideias com outros e fazer os exercícios apresentados acima, *o que você precisa fazer agora*? Usando o espaço abaixo, esboce um plano de ataque para identificar e ultrapassar as paredes que o impedem de desfrutar o futuro abençoado que Deus tem para você.

___

___

___

___

4

A parede do ressentimento justificável

O ponto principal

Muitas pessoas sofrem atrás de uma parede de ressentimento justificável, iradas e amargas em relação a alguma injustiça realizada contra elas. Elas deixam a ferida cozinhar em fogo brando e sonham com maneiras de forçar o perpetrador a acertar as coisas (ou pelo menos a sofrer pelo erro que cometeu), ainda que continuem a viver numa prisão autoimposta que bloqueia seu futuro. Mas você pode encontrar liberdade do ressentimento e respirar o ar fresco da liberdade caso decida lidar passo a passo com suas experiências e emoções.

Avaliação pessoal

Amargura e ressentimento não resolvidos corroem a pessoa e a deixam presa a um passado doloroso — mesmo muito tempo depois de aquele que a feriu ter se esquecido de toda aquela situação dolorosa. Leia as declarações a seguir e marque a resposta que melhor representa sua perspectiva.

- ***Perdoar aquela pessoa seria o equivalente a livrá-la da culpa.***
  Concordo totalmente / Concordo parcialmente / Discordo parcialmente / Discordo totalmente
- ***Tenho todo o direito de me irritar com aquilo que ele/ela fez contra mim.***
  Concordo totalmente / Concordo parcialmente / Discordo parcialmente / Discordo totalmente

- ***Fantasio sobre coisas ruins acontecendo à pessoa que me ofendeu.***
  Concordo totalmente / Concordo parcialmente / Discordo parcialmente / Discordo totalmente
- ***Aquela pessoa é culpada por minha vida infeliz.***
  Concordo totalmente / Concordo parcialmente / Discordo parcialmente / Discordo totalmente
- ***Costumo falar com outros sobre o que aquela pessoa fez comigo.***
  Concordo totalmente / Concordo parcialmente / Discordo parcialmente / Discordo totalmente
- ***Passo muito tempo irritado.***
  Concordo totalmente / Concordo parcialmente / Discordo parcialmente / Discordo totalmente

Com base em suas respostas às perguntas acima, o que você precisa fazer para evitar a parede do ressentimento justificável?

____

____

____

____

Siga em frente: Reflexão pessoal

O ser humano não foi criado para viver com ressentimento, seja ele justificável ou não. A amargura no coração trabalha como um corrosivo da alma, destruindo nosso interior e envenenando tudo. Ela também faz pouco sentido na prática, uma vez que, ao guardar rancor, nós nos acorrentamos à própria pessoa que nos feriu.

1. Como você reage quando alguém faz algo para feri-lo? Você perdoa facilmente ou sua tendência é apegar-se à ofensa e ficar remoendo o que aconteceu? Explique.

____

____

2. Você teria facilidade para se colocar no lugar do ofensor por algum tempo? Explique.

---

3. Pense na pior coisa que alguém já lhe fez. Você perdoou aquela pessoa? Explique.

---

4. O que significaria para você concentrar-se em sua própria reação, em vez de nas ações daquele que o feriu?

Siga em frente: Para discutir

1. O que significa "humanizar" o ofensor? Por que isso é importante?

2. Como as pessoas podem trabalhar seu medo do futuro, especialmente um medo causado pela preocupação de que alguém venha a feri-las novamente? Que estratégias seriam boas para isso?

3. Quais são algumas das maneiras comprovadas de ajudar outras pessoas que estão feridas? O que você já viu funcionar?

4. Em que sentido o perdão é um processo e não simplesmente um evento único? Descreva como poderia ser esse processo.

5. Como uma pessoa pode saber que realmente perdoou seu ofensor?

Ouça a voz de Deus

A Bíblia tem muito a dizer sobre a necessidade de perdão e a devastação causada pela amargura não resolvida, por ressentimentos antigos e pela ira latente. Deus planejou o perdão não apenas para nos limpar espiritualmente, mas para nos curar em termos físicos e emocionais. Considere quatro das principais passagens bíblicas sobre a questão.

Leia Mateus 6.14-15

1. O que essa passagem nos diz sobre a importância de perdoar aqueles que nos ofenderam?

2. O que a disposição de perdoar revela sobre nosso coração?

Leia Efésios 4.31-32 e Colossenses 3.13

1. Que mandamento recebemos no versículo 31? Quão abrangente é esse mandamento?

2. Como é possível obedecer ao mandamento do versículo 32? De que ajuda externa precisamos?

3. De acordo com essas duas passagens, por que devemos perdoar?

Leia Hebreus 12.14-15

1. Como a busca pela paz e a busca pela santidade estão relacionadas? O que as conecta?

2. O que uma raiz de amargura tem a ver com a exclusão da graça de Deus? De que modo a amargura causa perturbação e contamina as pessoas?

O que você pode fazer agora

Depois de ler o capítulo 4, refletir sobre a mensagem, discutir suas ideias com outros e fazer os exercícios apresentados acima, *o que você precisa fazer agora*? Usando o espaço abaixo, esboce um plano de ataque para identificar e ultrapassar as paredes que o impedem de desfrutar o futuro abençoado que Deus tem para você.

____

____

____

5

A parede do isolamento desconectado

O ponto principal

Fomos criados para desenvolver relacionamentos firmes com outras pessoas e com Deus, mas experiências dolorosas podem levar alguns de nós a se isolar, na vã esperança de evitar mais dor. O que há de errado nisso? Isolada, a pessoa tem muito mais dificuldade de saber quem realmente é. Também fica inclinada a permanecer ignorante à sua necessidade de crescimento em muitas áreas importantes da vida — o que resulta em mais dor, não em menos. Não se isole. Esforce-se para desenvolver e construir relacionamentos que lhe deem significado e propósito à vida.

Avaliação pessoal

Qual seu nível de conexão com outras pessoas? Quão profundamente os outros o conhecem? Leia cada afirmação abaixo e assinale a resposta que melhor corresponde a seu modo de pensar, sentir e agir.

- ***Estou bem sendo como sou. Deus é tudo de que preciso.***
  Concordo totalmente / Concordo parcialmente / Discordo parcialmente / Discordo totalmente
- ***Não gosto de ficar perto de pessoas que estão sofrendo.***
  Concordo totalmente / Concordo parcialmente / Discordo parcialmente / Discordo totalmente
- ***Eu mesmo já tenho necessidades demais, portanto não posso ajudar outros necessitados.***
  Concordo totalmente / Concordo parcialmente / Discordo parcialmente / Discordo totalmente

- ***Sou famoso por ser uma pessoa cheia de empatia.***
  Concordo totalmente / Concordo parcialmente / Discordo parcialmente / Discordo totalmente
- ***Estou bastante ciente das áreas em que preciso crescer mais como pessoa.***
  Concordo totalmente / Concordo parcialmente / Discordo parcialmente / Discordo totalmente
- ***Os outros tendem a me ver como uma pessoa carente.***
  Concordo totalmente / Concordo parcialmente / Discordo parcialmente / Discordo totalmente

Com base em suas respostas às questões acima, o que você talvez precise fazer para superar a parede do isolamento desconectado?

____

____

____

____

Siga em frente: Reflexão pessoal

1. No espaço abaixo, escreva as três áreas em que você acredita precisar de mais crescimento espiritual ou emocional.

____

____

2. Relembre as conversas mais pessoais que você teve no mês passado. Em sua opinião, que áreas de crescimento as pessoas apontariam como sendo as que você mais precisa tratar?

____

____

3. Com que facilidade você sente empatia pela dor de outra pessoa? Explique.

____

____

4. Entre seus amigos e colegas mais próximos, quem são os observadores mais objetivos e criteriosos que podem lhe falar a verdade sobre sua vida? Faça uma lista com o nome deles.

____

____

5. Durante esta semana, como você pode se mostrar mais vulnerável diante das pessoas com quem você tem mais proximidade?

____

____

Siga em frente: Para discutir

1. Por que precisamos que outros nos ajudem a ver quem realmente somos e quais áreas de nossa vida mais precisam de atenção?

2. Cite maneiras úteis e sólidas pelas quais podemos encorajar as pessoas mais chegadas a fazer uma autoavaliação honesta.

3. Como a intimidade relacional (em oposição à intimidade meramente sexual) conduz à alegria, à satisfação e a uma perspectiva mais ampla?

4. Cite estratégias eficazes para conhecer as pessoas como elas realmente são, com seus defeitos e qualidades.

5. Como se dá a submissão mútua no Corpo de Cristo?

Ouça a voz de Deus

O Novo Testamento é famoso por suas passagens do tipo "uns aos outros", que enfatizam a necessidade de conexão em níveis profundos com outros cristãos. Procure algumas dessas passagens e discuta por que a interconexão é tão importante no reino de Deus.

Leia João 17.10-11,20-24

1. Por qual tipo de intimidade Jesus orou nessa passagem? Quanto dessa intimidade você já experimentou? Explique.

2. O que Jesus quis dizer quando orou pedindo que seus seguidores “estejam unidos, assim como nós estamos” (v. 11)?

3. Por que Jesus orou para que seus seguidores fossem “unidos”? O que tal unidade comunica ao mundo exterior? Por que é importante?

Leia Romanos 14.19

1. Que coisas costumam conduzir à paz? Você está buscando-as? Explique.

2. O que edifica os outros cristãos? O que você está fazendo para edificá-los? Você está praticando algo que possa causar divisão? Em caso afirmativo, como mudar isso?

O que você pode fazer agora

Depois de ler o capítulo 5, refletir sobre a mensagem, discutir suas ideias com outros e fazer os exercícios apresentados acima, *o que você precisa fazer agora*? Usando o espaço abaixo, esboce um plano de ataque para identificar e ultrapassar as paredes que o impedem de desfrutar o futuro abençoado que Deus tem para você.

____

____

____

____

6

A parede da ignorância cega

O ponto principal

Todos nós possuímos pontos cegos que, se não forem tratados, nos causarão grande dor e farão que relacionamentos agradáveis se tornem difíceis, senão impossíveis. Ver nossa a vida e a nós mesmos da perspectiva de outra pessoa pode fazer toda a diferença entre frustração e satisfação. Não tenha medo de olhar nos espelhos que Deus fornece para ajudar você a seguir adiante. A verdade dele, combinada com as informações de outras pessoas, pode transformar sua vida!

Avaliação pessoal

Em razão da existência de nossos pontos cegos, precisamos de perspectivas exteriores que nos ajudem a enxergar a verdade. Quão aberto você está a essas perspectivas exteriores? Para cada uma das declarações a seguir, marque a resposta que você acredita melhor refletir sua situação.

- ***Sou muito bom em ver minha vida da perspectiva de outras pessoas.***
  Concordo totalmente / Concordo parcialmente / Discordo parcialmente / Discordo totalmente
- ***Enxergo as falhas dos outros muito mais rapidamente do que minhas próprias falhas.***
  Concordo totalmente / Concordo parcialmente / Discordo parcialmente / Discordo totalmente

- ***Costumo pedir que pessoas me contem a verdade sobre minha vida.***
  Concordo totalmente / Concordo parcialmente / Discordo parcialmente / Discordo totalmente
- ***Sou muito bom em aplicar a verdade de Deus à minha vida, mesmo em áreas difíceis.***
  Concordo totalmente / Concordo parcialmente / Discordo parcialmente / Discordo totalmente
- ***Consigo citar com facilidade meus três principais pontos cegos.***
  Concordo totalmente / Concordo parcialmente / Discordo parcialmente / Discordo totalmente
- ***Estou totalmente comprometido em obedecer a qualquer coisa que Deus me ordene fazer.***
  Concordo totalmente / Concordo parcialmente / Discordo parcialmente / Discordo totalmente

Com base em suas respostas às perguntas acima, o que você talvez tenha de fazer para superar a parede da ignorância cega?

____

____

____

____

Siga em frente: Reflexão pessoal

Todos somos ignorantes de alguma coisa, mas os problemas surgem quando permanecemos deliberadamente ignorantes de algo que deveríamos saber. Embora Deus nos chame a tirar as vendas, sentimos certo conforto em permanecer na escuridão, especialmente quando sair para a luz exige que façamos algumas mudanças em nosso modo de viver. Para fazer essas mudanças, precisamos estar abertos à verdade que Deus quer nos revelar, para que nos conscientizemos de nossos pontos cegos e aprendamos a *ver*.

1. Descreva a última ocasião em que você adquiriu consciência de um ponto cego em sua vida. O que aconteceu?

___

___

2. Qual "tronco" Jesus pode estar pedindo que você tire do seu olho antes que você critique o cisco no olho de outra pessoa?

___

___

3. Quais são algumas das mentiras que você tende a dizer a si mesmo?

___

___

4. Quais mandamentos bíblicos você tem mais dificuldade de seguir? Por quê?

___

___

Siga em frente: Para discutir

1. De que maneira o ato de ver as coisas da perspectiva dos outros trouxe cura para seus amigos e entes queridos?

2. De que maneira uma sondagem profunda pode ser útil?

3. Qual é o melhor meio de encorajarmos uns aos outros a obedecer ao Senhor, mesmo quando for difícil fazê-lo?

4. Nem todo mundo efetivamente diz a verdade sobre a vida de outras pessoas. Como você viu isso sendo feito de maneira correta... e não tão correta?

5. Por que a obediência é fundamental para superar a ignorância cega? Por que alguém precisa obedecer à verdade para que possa conhecê-la?

Ouça a voz de Deus

Leia Mateus 7.3-5

1. Por que Jesus faz a pergunta do versículo 3?

2. Por que Jesus repete a pergunta de outra forma no versículo 4?

3. Que conselho Jesus dá no versículo 5?

4. Como seria "tirar o cisco" do próprio olho?

Leia João 7.17; 8.31-32

1. Que promessa Jesus faz em 7.17? Que implicações práticas isso sugere a você?

2. O que significa permanecer na palavra de Jesus (8.31)?

3. Como podemos conhecer a verdade? Como essa verdade nos liberta? Liberta do quê?

O que você pode fazer agora

Depois de ler o capítulo 6, refletir sobre a mensagem, discutir suas ideias com outros e fazer os exercícios apresentados acima, *o que você precisa fazer agora*? Usando o espaço abaixo, esboce um plano de ataque para identificar e ultrapassar as paredes que o impedem de desfrutar o futuro abençoado que Deus tem para você.

____

____

____

____

7

Como se soltar

O ponto principal

Muitas pessoas permanecem presas atrás de paredes de dor porque têm medo do que possa acontecer se as derrubarem; temem ter de correr riscos, assumir responsabilidade por situações dolorosas ou envolver-se plenamente na vida. Mas, quando mudam a maneira de encarar o passado, encontram a chave para a porta que conduz ao novo e grandioso futuro. Dê uma chance a si mesmo, ao seu futuro e a Deus hoje. Levante-se e abra a porta. Você não está sozinho!

Avaliação pessoal

Quando você está preso atrás de paredes, você se apega a pensamentos e sentimentos que distorcem sua perspectiva e prejudicam sua saúde. Considere vários exemplos de pensamentos incorretos sobre si mesmo e sobre os outros e assinale a resposta para cada declaração que melhor reflete sua situação.

- ***Tenho um conjunto de genes ruins e, portanto, sempre ficarei doente, assim como meus pais ficaram.***
  Concordo totalmente / Concordo parcialmente / Discordo parcialmente / Discordo totalmente
- ***Sempre fui um pouco depressivo em todos os estágios da minha vida.***
  Concordo totalmente / Concordo parcialmente / Discordo parcialmente / Discordo totalmente

- ***Minha solidão é o que me mantém preso à cama por tanto tempo.***
  Concordo totalmente / Concordo parcialmente / Discordo parcialmente / Discordo totalmente
- ***Minha sina na vida é sentir-me infeliz.***
  Concordo totalmente / Concordo parcialmente / Discordo parcialmente / Discordo totalmente
- ***A pessoa que me feriu é completamente má.***
  Concordo totalmente / Concordo parcialmente / Discordo parcialmente / Discordo totalmente
- ***Ela não sente nenhum arrependimento.***
  Concordo totalmente / Concordo parcialmente / Discordo parcialmente / Discordo totalmente
- ***Ela está longe de qualquer redenção.***
  Concordo totalmente / Concordo parcialmente / Discordo parcialmente / Discordo totalmente
- ***Ela não merece nada de bom.***
  Concordo totalmente / Concordo parcialmente / Discordo parcialmente / Discordo totalmente
- ***Ela não tem nada de valor a oferecer a este mundo.***
  Concordo totalmente / Concordo parcialmente / Discordo parcialmente / Discordo totalmente

Com base em suas respostas às perguntas acima, o que você precisa fazer para ajustar seu modo de pensar sobre si mesmo ou sobre os outros?

____

____

____

____

Siga em frente: Reflexão pessoal

1. Pense em situações do passado em que você se recusou a fazer mudanças necessárias por ter visto benefícios em permanecer no

modo antigo de viver. De que "benefícios" você relutou em abrir mão? No final, quão benéficos foram aqueles "benefícios"?

____

____

2. Descreva quão verdadeiramente benéfico poderia ser começar a pensar em seu passado de maneira diferente.

____

____

3. Pense na pessoa que feriu você. Que tipo de passado atribulado aquela pessoa também teve?

____

____

4. Que novo "enquadramento" ou nova perspectiva poderia ajudá-lo a ver a si mesmo sob uma luz mais correta e bíblica?

____

____

5. Que novo "enquadramento" ou nova perspectiva poderia ajudá-lo a ver a pessoa que o ofendeu sob uma luz mais correta e bíblica?

____

____

Siga em frente: Para discutir

1. De que maneira o reconhecimento de nosso pecado (Rm 3.23) destrói qualquer base moral de superioridade da qual poderíamos nos achar possuidores?

2. Como podemos invocar o poder do Espírito Santo diante de qualquer desafio que enfrentarmos?

3. Como podemos desenvolver um espírito de perdão ou uma mentalidade perdoadora em oposição a simplesmente fazer

eventuais concessões de perdão? Por que uma postura de perdão deve ser nosso objetivo?

4. Como o acesso a graça de Deus é fundamental para que nos soltemos? Num aspecto prático, o que significa acessar a graça de Deus?

5. Peça a cada pessoa do grupo que fale sobre alguma situação em que conseguiu se soltar. O que fizeram para se soltar? O que aconteceu como resultado?

Ouça a voz de Deus

Leia Efésios 2.10-18

1. Faça uma lista de todas as verdades a seu respeito que essa passagem ensina.

2. Faça uma lista de todos os benefícios de se pertencer a Cristo de acordo com essa passagem.

3. Explique como essa passagem descreve sua vida no passado, longe de Cristo.

4. Que diferença faz para você, no dia a dia, o fato de estar agora "em Cristo"? De que maneira esse conhecimento molda suas experiências diárias?

Leia Gálatas 5.16-25

1. O que significa "viver pelo Espírito"? Como isso acontece?

2. Qual é o resultado de não viver pelo Espírito (v. 19-21)?

3. Qual é o resultado de viver pelo Espírito (v. 22-24)?

4. Qual é a diferença entre "viver pelo Espírito" e "andar no Espírito"? De que maneira as duas coisas estão relacionadas?

O que você pode fazer agora

Depois de ler o capítulo 7, refletir sobre a mensagem, discutir suas ideias com outros e fazer os exercícios apresentados acima, *o que você precisa fazer agora*? Usando o espaço abaixo, esboce um plano de ataque para identificar e ultrapassar as paredes que o impedem de desfrutar o futuro abençoado que Deus tem para você.

8

Siga em direção ao futuro

O ponto principal

Embora seja necessário muito trabalho para construir um presente satisfatório a partir das cinzas de um passado doloroso — e não existem respostas fáceis ou atalhos para obter uma vida mais feliz —, aqueles que querem seguir adiante farão o que for preciso para agarrar o que Deus tem de melhor para eles. Ao firmar tal compromisso para fazer um *upgrade* na vida, eles trocam o medo por uma paz confiante. Essa paz e essa confiança estão disponíveis a você. Busque a "vida melhor" que Deus tem para você com todo o seu coração, com toda a sua mente e com toda a sua força!

Avaliação pessoal

As paredes não se dissolvem nem desaparecem sozinhas; a resolução das questões dolorosas do seu passado exige um firme compromisso de sua parte para derrubar aquelas paredes. Com o propósito de verificar quão preparado você está para esse passo de resolução, responda a cada uma das afirmações a seguir com a resposta que melhor reflete sua situação atual.

- ***Estou pronto para realizar o trabalho duro necessário para construir uma vida nova e melhor.***
  Concordo totalmente / Concordo parcialmente / Discordo parcialmente / Discordo totalmente
- ***Costumo dizer a mim mesmo: "Tudo o que tenho de fazer é _____" para resolver meus problemas.***
  Concordo totalmente / Concordo parcialmente / Discordo parcialmente / Discordo totalmente

- ***Tenho uma abordagem do tipo "o que for preciso" para seguir adiante na direção de um futuro de liberdade.***
  Concordo totalmente / Concordo parcialmente / Discordo parcialmente / Discordo totalmente
- ***Sinto como se estivesse preso no passado, sem condições de seguir adiante.***
  Concordo totalmente / Concordo parcialmente / Discordo parcialmente / Discordo totalmente
- ***Entreguei minha vida e minha vontade a Deus, confiando que ele cuidará do resultado.***
  Concordo totalmente / Concordo parcialmente / Discordo parcialmente / Discordo totalmente
- ***Creio que meu passado doloroso pode realmente me ajudar na construção de um futuro brilhante.***
  Concordo totalmente / Concordo parcialmente / Discordo parcialmente / Discordo totalmente

Com base em suas respostas às perguntas acima, o que você deve fazer para resolver suas questões sobre os eventos dolorosos do seu passado e preparar-se para seguir na direção de um futuro mais brilhante?

____

____

____

____

____

____

Siga em frente: Reflexão pessoal

1. Em que áreas da sua vida você acha que tem mais necessidade de seguir adiante?

____

____

2. Quais são os medos em sua vida que mais precisam ser substituídos por uma paz confiante?

____

____

3. Que padrões pecaminosos você precisa reconhecer, confessar e abandonar?

____

____

4. Com quem você precisa fazer acertos? Que tipo de restituição pode ser necessário?

____

____

5. Esboce o plano que você tem para se proteger no futuro.

____

____

Siga em frente: Para discutir

1. O que significa "colocar uma nova moldura no passado" para poder seguir adiante?

2. De que maneira(s) vocês gostariam de fazer um *upgrade* em sua vida? Sonhem um pouco juntos.

3. Como vocês podem encorajar uns aos outros a se concentrar no *hoje* em vez de no *ontem*?

4. Normalmente é mais fácil buscar ajuda quando se está num grupo de apoio. Como vocês podem se unir para alcançar pessoas?

5. Como vocês podem efetivamente relembrar uns aos outros que o passado não precisa continuar tirando coisas de vocês, mas, em vez disso, que ele pode adicionar algo valioso à sua vida?

Ouça a voz de Deus

Leia Deuteronômio 30.19-20

1. O que uma escolha pela vida seria para você? Como ela o beneficiaria?

2. O que uma escolha pela morte seria para você? Como ela o prejudicaria?

3. Como as escolhas que você faz agora afetam seus filhos e seus descendentes?

Leia Gálatas 4.28—5.1

1. O que significa sermos "filhos da promessa"?

2. O que significa ser livre em Cristo?

3. Como você pode permanecer firme na sua liberdade em Cristo? Como você pode evitar submeter-se a um jugo de escravidão?

O que você pode fazer agora

Depois de ler o capítulo 8, refletir sobre a mensagem, discutir suas ideias com outros e fazer os exercícios apresentados acima, *o que você precisa fazer agora*? Usando o espaço abaixo, esboce um plano de ataque para identificar e ultrapassar as paredes que o impedem de desfrutar o futuro abençoado que Deus tem para você.

____

____

____

____

9

É uma parede ou uma fronteira?

O ponto principal

Conforme seguimos na direção do futuro que Deus tem para nós, as diferenças entre construir uma parede e estabelecer uma fronteira talvez nem sempre sejam claras. Ainda assim, precisamos entender as diferenças, para evitar uma vida com "mais do mesmo" e avistar uma vida "melhor do que o imaginado" à frente. Estabelecer fronteiras de forma saudável permitirá que você caminhe na liberdade e na luz. Você tem muito pelo que esperar ansiosamente!

Avaliação pessoal

Você ergueu paredes que mantêm *você mesmo* preso? Ou fronteiras que incentivam um futuro brilhante? Marque quais afirmações abaixo representam uma parede e quais representam uma fronteira. Depois, faça um círculo em torno de declarações que se assemelhem àquelas que você fez nos últimos seis meses.

- ***Paramos por aqui. Suas segundas chances acabaram.***
  Fronteira / Parede
- ***Quando você estiver pronto para mudar, então talvez possamos conversar sobre seguir adiante com nosso relacionamento. Mas só depois que você lidar com suas questões!***
  Fronteira / Parede
- ***Você não falará mais comigo desse jeito. Interromperei a conversa até que possamos controlar nossas emoções.***
  Fronteira / Parede

- ***Não se pode confiar no sexo oposto, portanto não correrei nenhum risco.***
  Fronteira / Parede
- ***Se você optar por agir dessa maneira, mesmo depois de eu ter lhe dito que isso me machuca, então é assim que reagirei...***
  Fronteira / Parede
- ***De agora em diante, vou procurar a ajuda de que preciso, quer você queira participar, quer não.***
  Fronteira / Parede

Com base em suas respostas às perguntas acima, o que você talvez precise fazer agora para eliminar quaisquer paredes restantes e começar a estabelecer fronteiras sábias?

____

____

____

____

Siga em frente: Reflexão pessoal

1. Em que áreas da sua vida você precisa substituir paredes por fronteiras saudáveis?

____

____

2. De que maneira você está perpetuando o passado? Onde você deixou de traçar uma linha na areia para impedir que o passado fosse repetido?

____

____

3. Quais padrões antigos você percebeu que não funcionam mais?

____

____

4. Escolha um desses padrões antigos e comece a pensar em novas soluções.

____

____

5. Que verdades você percebeu, ao ler este livro, que podem ser usadas para iniciar a construção de fronteiras sadias?

____

____

Siga em frente: Para discutir

1. Quais são algumas das emoções sobre as quais as fronteiras nunca deveriam ser construídas? Por que essas emoções são prejudiciais à demarcação saudável de fronteiras?

2. Como uma pessoa consegue discernir a falsa segurança de uma parede da autêntica segurança de uma fronteira?

3. Discutam o significado desta declaração: "Uma parede é uma barreira, enquanto uma fronteira é um início".

4. Que papel podemos desempenhar ao ajudar uns aos outros a estabelecer boas fronteiras?

Ouça a voz de Deus

O rei Saul é um importante exemplo na Bíblia de alguém que não estabeleceu fronteiras saudáveis para si mesmo e não permaneceu nas fronteiras estabelecidas para ele. Ele continuou batendo em paredes até que isso lhe custou o reino de Israel.

Leia 1Samuel 15.1-3,7-26

1. Que pistas são dadas no versículo 17 sobre uma das paredes do passado de Saul?

2. O que o versículo 24 indica como sendo outra das paredes de Saul?

3. Liste algumas fronteiras que o próprio Deus estabeleceu mediante o profeta Samuel.

4. Como Saul teria sido abençoado caso tivesse respeitado aquelas barreiras?

5. Qual é a sua atitude em relação às fronteiras? Você costuma resistir a elas, desconfiar delas ou aceitá-las?

6. Como você poderia evitar cometer os mesmos erros de Saul?

O livro de Provérbios está repleto de verdades que falam dos benefícios de estabelecer fronteiras e as consequências de não resolver o problema das paredes. Verifique estas amostras da sabedoria de Deus.

Leia Provérbios 17.9,10,13,14,19,27-28; 18.7,9,13

1. Liste algumas áreas de sua vida que, de acordo com Provérbios, precisam de fronteiras.

2. Em quais dessas áreas você enfrenta dificuldades? Quais delas contribuem para seu sucesso na vida?

3. Quais são algumas das consequências de não estabelecer e respeitar fronteiras? Quais são algumas das bênçãos?

O que você pode fazer agora

Depois de ler o capítulo 9, refletir sobre a mensagem, discutir suas ideias com outros e fazer os exercícios apresentados acima, *o que você precisa fazer agora*? Usando o espaço abaixo, esboce um plano de ataque para identificar e ultrapassar as paredes que o impedem de desfrutar o futuro abençoado que Deus tem para você.

____

____

____

____

Compartilhe suas impressões de leitura escrevendo para:
opiniao-do-leitor@mundocristao.com.br
Acesse nosso *site*: www.mundocristao.com.br

Equipe MC:	Daniel Faria (editor)
	Heda Lopes
	Natália Custódio
Diagramação:	Luciana Di Iorio
Preparação:	Patrícia Almeida
Revisão:	Rebeca Romero
Gráfica:	Assahi
Fonte:	Adobe Garamond Pro
Papel:	Polen Soft 70 g/m^2 (miolo)
	Cartão 250 g/m^2 (capa)